# 은행은 당신의
# 주머니를 노린다

탐욕스러운 금융에 맞선
한 키코 피해 기업인의 분투기

# 은행은 당신의
# 주머니를 노린다

| 조붕구 지음 |

시공사

조봉구 대표의 책 출간을 진정으로 축하한다. 조 대표는 내가 청주대학교 교수로 재직할 때 교양과목으로 국민윤리와 철학개론을 수강했던 학생이었다. 나와 조 대표는 사제간이라 할 수 있다. 수많은 제자 가운데 조 대표를 잘 기억하고 있었다. 다른 학생과 달랐기 때문이다.

조 대표가 청주대 무역학과를 다니던 1980년대 중반은 비극적인 5·18 광주민주화운동 후 전두환 정권의 독재 앞에 민주화운동이 거세게 불던 시절이었다. 청주대도 예외가 아니었다. 거의 매일 같이 학생들은 시위를 하고 경찰과 투석전이 벌어졌으며 최루탄 가스가 온 캠퍼스에 자욱했던 시절이었다. 이때 분신자살 등 학생들의 희생이 너무도 컸다. 나는 강의과목이 국민윤리요, 철학개론인지라 때로는 시국 얘기를 많이 하게 되었고 학생들과 토론도 하게 됐다.

그 과정에서 늘 교련복을 입었던 조붕구 (당시) 학생은 나에게 질문을 많이 했으며 나라 걱정을 많이 하는 의식 있는 청년이었다. 또한 그 당시 학생 운동의 선두에 서서 극렬하게 투쟁했던 청년이었다. 나는 조붕구 학생에게 늘 무모한 희생을 경계하라고 했으며 미래 지향적인 학생의 준비를 당부했다. 그리고 시국에 대한 안목에서도 균형 잡힌 시국관을 강조했다. 내 학과 학생은 아니었지만 마음속으로 아끼는 학생이었다.

그 후 나는 청주대를 떠나 충남대 철학과 교수로 근무하게 됐다. 세월이 많이 흐른 어느 날 조붕구 대표는 나를 수소문해 찾아왔다. 오랜만에 만난 반가운 해후였다. 열혈청년, 민주화 투사 조붕구 학생이 유망 중소기업인 코막중공업의 대표가 되어 찾아온 것이다. 그때부터 나는 코막중공업의 직원 연수에 나가 강의도 하고 발전된 회사의 모습을 종종 볼 수 있었다.

그런데 2008년 키코 사태로 부도가 나 회사가 법정 관리에 들어갔고 조 대표는 10년 이상 실패와 좌절 속에 신음하다가 다시 기업을 일으켰다. 이제 키코 피해 기업 공동대책위원장으로 활동을 하고 있으며 금융소비자협회를 만들어 금융 소비자 운동을 전개하고 있다. 또한 한국기업회생지원협회를 조직하여 실패한 기업의 재기를 도와주는 활동을 하고 있다.

꿈 많던 중소기업인, 성공신화를 향해 달리던 조붕구 대표가 성공과 좌절의 얘기를 하나의 책으로 엮어 내놓는다니 참으로 그 의미가 크다. 젊은 시절 불의와 싸우던 그 마음으로 이제는 국가의 잘못된 정책과 제도로 인해 피해를 입은 기업과 기업인들을 위해 다시 정의의 횃불을 들고 나서는 조 대표에게 경의를 표한다.

이 책은 조 대표의 자전적 에세이라고 볼 수 있지만 이 나라의 수많은 기업인에게 주는 하나의 교훈이 될 것이며 젊은이들에게는 인생을 살아가는 경륜과 지혜를 줄 것이다. 물론 인생 자체에 행복과 불행이 있고 성공과 실패가 있으며 기쁨과 눈물이 있듯이, 조 대표의 인생 역정에 비친 굴곡의 역사가 많은 사람에게 감동을 주고 희망을 줄 것이라 확신한다.

"진리는 반드시 따르는 자가 있고, 정의는 반드시 이뤄지는 날이 있다"라고 도산 안창호 선생은 말씀하셨다. 조봉구 대표의 가는 길이 옳고 바른 길이기에 응원의 박수를 보낸다. 코막중공업의 발전과 사랑하는 조 대표의 건승을 빌며 축하의 인사에 갈음한다.

— 황의동 | 전 충남대 대학원장


보수적인 기업인이 키코 사태라는 거대한 금융 부조리를 겪으면서 진보적인 시민운동가로 변화해 가는 과정을 담은 실화에 기반한 기록입니다. 군부 독재가 물러가고 정치적 민주화가 어느 정도 자리 잡은 한국 사회에 금융 독재라는 새로운 문제점을 지적하고 이를 타파하기 위해 몸소 실천하는 지식인의 진실을 담은 외침입니다.

— 박선종 | 숭실대 법학과 교수

2008년에 발생한 키코 파생 상품 사기 판매 사건을 금감원, 검찰, 법원이 어떻게 덮었는지를 피해자로서 생생히 목도한 저자의 눈물 나는 기록물이다.

— 김성묵 | 법무법인 대륙아주 변호사

조붕구 대표의 '실패에 대한 이야기'는 끝까지 포기하지 않는 희망을 이야기한다. 조 대표와의 인연은 키코 사태 때부터 시작됐다. 조 대표는 키코로 인해 경영하던 기업이 부도나고, 신용 불량이라는 이력을 갖게 됐지만 여전히 금융의 탐욕에 맞서 저항하고 있다.

자본주의에서 탐욕은 '독(毒)'이다. 탐욕이 지나치면 사람을 해할 수도 있기 때문이다. 금융회사가 고객의 재산 보호를 뒷전으로 밀어선 안 되는 이유다. 조 대표는 단순히 피해자에서 끝나지 않고 금융소비자협회를 만들었고 지금도 탐욕에 맞서 연대하며 싸우고 있다.

— 김득의 | 금융정의연대 대표

2008년 5월경 조붕구 당시 코막중공업 대표와 만났다. 조 대표는 수출기업들의 키코 피해를 우려했다. 정부 기관 곳곳을 찾아다니며 키코 피해를 알렸지만 귀담아듣지 않는다고 호소했다.

4개월 후, 태산LCD의 흑자 부도로 우려는 현실이 됐다. 취재하는 과정에서 깜짝 놀랐다. 정부 부처와 은행권에서 수출기업들은 키코 피해자가 아닌 '환투기꾼'이라는 이야기가 나왔다. 수출기업들이 부정을 저지르다 당한 사고라는 입장이었다. 이상했다. 사고 난 게 엊그제인 데다 실태 조사도 없었는데 환투기꾼이란다.

12년이 흐른 지금까지 정부는 정확한 피해 실태 조사 한 번 하지 않았다. 수백 개의 수출기업들이 망가졌는데도 말이다. 피해 기업인들이 명예를 찾고 싶다고 절규하는 이유다. 12년이 흐르면서 많은 수출기업이 사라졌다. 살아남은 이들은 다시 글로벌 시장을 향해 힘겹게 한발, 한발을 내디디고 있다.

이 책은 이러한 키코 피해 기업들의 절규를 담았다. 대한민국 희망이 어떻게 사라졌는지를 기록한 서사시다. 이제 정부와 은행들은 진심으로 사죄하고 대답해야 한다.

— 김형수 | 〈내일신문〉 기자


이 책은 무한히 도전적이고 지칠 줄 모르는 열정으로 똘똘 뭉친 마이크 조(Mike Cho, 조붕구 대표의 영어 이름)의 창업과 실패, 그리고 재도전의 진솔한 경험의 집약이다. 또한 불합리한 금융제도와 올바르지 못한 권력에 온몸으로 앞장서 부딪히면서 기업의 성장이 곧 국가의 발전으로 이어진다고 말하는 한 창업인의 신념을 담은 수필이다. 특히 작금의 꿈을 잃은 젊은이들에게 도전과 재기는 매우 힘들지만 해볼 만한 가치가 있으며 올바른 삶이 무엇인지, 무엇을 위해 젊음을 불태워야 하는지를 가르쳐주는 지침이다. 지금부터 마이크 조의 도전은 시작이다. 마이크 조의 열정에 반한 나는 그 도전을 적극적으로 응원한다.

— 권육상 | 창원대학교 경영대학원 겸임교수, 전 KB자산운용 부사장

왜 우리는 실패와 아픔을 공유하지 않을까? 수없이 많은 기업 행사는 늘 성공만을 찬양한다. 온갖 역경을 딛고 성공을 이룬 자수성가형 기업가들도 성공의 과정 중에 필수적이었던 실패의 기록에 대해서는 함구한다. 이런 분위기라서 누구와도 허심탄회하게 실패의 좌절을 공유하지 못하고 있다. 그래서 이 책이 어디에서도 위안과 용기를 구할 곳 없이 외로이 홀로 성공을 향해 걸어가고 있는 모든 사람에게 큰 감동과 위안을 선물해줄 것이다.

개인이 각고의 노력으로 일궈낸 기업을 은행이 사기 치고, 국가는 책임지지 않았지만 재기의 몸부림으로 기어이 다시 일어선 한 기업가가 그러한 약탈적 금융 구조를 바꾸기 위해 벌여온 지난한 노력을 보면서 '이 사회가 바뀔 수도 있겠구나'라는 희망을 봤고, 그 새로운 희망을 향해 함께 걸어갈 길이 절로 든든해진다.

— 유희숙 | 한국재도전중소기업협회 회장

이 땅의 파란만장한 중소기업가들의 역경과 불굴의 의지를 상징하는 조봉구 대표님이 책을 낸다고 하니 제 마음이 다 설렜습니다. 조봉구 대표님의 삶과 사업, 시련과 투쟁, 승리와 역경 극복의 과정은 어떤 영화, 어떤 책보다도 드라마틱하기에 그 과정을 책으로 생

생히 접할 생각을 하니 벌써부터 기분 좋은 흥분을 감출 수가 없었기 때문입니다. 이 시대에, 함께 사는 이 땅 여기에 조붕구 대표님의 경제 민주화와 중소기업 발전을 위한 여정과 생각을 입체적으로 담은 이 책을 적극적으로 강추합니다.

― 안진걸 | 민생경제연구소 소장, 상지대 초빙교수, 전 참여연대 사무처장

　오래전부터 준비해온 책을 세상에 내놓는다. 나는 글로벌 시장을 무대로 뛰는 중소기업인이다. 1997년에 변변한 사무실 하나 없이 단돈 250만 원으로 창업했고 10년 만에 명실상부한 글로벌 중소기업으로 회사를 성장시켰다. 회사가 성장했던 10년간 해외 거래처는 60여 개국으로 늘어났고 미국, 중국, 유럽 등에도 현지 법인을 설립했다. 연간 글로벌 연결 매출액은 350억 원 정도였다. 우수한 수출 실적을 상징하는 '수출의 탑'이 회사 진열장에 차곡차곡 쌓였고 내가 받은 만큼 뭐라도 이 사회에 내주고 싶었다. 그 방법으로 책을 내면 어떨까 생각했다. 내가 직접 발로 뛰며 겪어온 경영 노하우를 글로 모아 후배 기업인에게 아낌없이 나눠주려는 마음에서다.

　이 책은 오래전, 그러한 나의 다짐에서 출발했다. 그러나 나는 젊은이들에게 창업을 독려하고 후배 기업인들에게 상생의 길을 터주려 했던 나의 성공 이야기를 이 책에 담지 못했다. 나의 성공 시계가 2007년에 멈췄기 때문이다. 믿을 수 없는 일이 내게, 아니 대한민국에 터졌다. 그리고 그로부터 벌써 12년이 흘렀다. 이 책은 그 12년의 이야기를 담았다.

900여 개의 중소기업이 피해를 보고 공식적으로 발표된 손실액만 3조 원*이 넘은 희대의 금융 사건인 키코[KIKO, 환율이 일정 범위 안에서 변동할 경우 미리 약정한 환율에 약정금액을 팔 수 있도록 한 파생 금융 상품으로 녹인, 녹아웃(Knock-In, Knock-Out)의 영문 첫 글자에서 따왔다], 내 인생을 송두리째 흔들어 놓은 이름이다.

2007년 말, 나는 거래 은행의 권유로 키코에 가입했다. 은행은 키코를 환율 변동에 따른 위험에 대비하는 보험 상품이라고 소개했다. 당시 은행을 절대적으로 신뢰하던 나는 별다른 의심 없이 가입서에 도장을 찍었는데 얼마 지나지 않아 고도의 성장을 구가하던 회사는 날개 없이 추락하고 말았다. 키코 날벼락으로 나는 350억 원대의 자산 손실을 고스란히 떠안았다. 해외 법인은 붕괴가 됐고 협력업체들의 도산이 도미노처럼 이어졌다.

키코 피해 기업이 어디 나뿐이랴…. 은행이라는 거대 금융이 이름도 낯선 장외 파생 상품을 만들어 대한민국 경제의 허리를 도맡고 있는 수출 중소기업을 줄도산시켰다. 손써볼 틈도 없이 무너진

---

* 「키코 피해금 평균 23% 배상 결정… 금감원 "6개 은행 255억"」, 〈한겨레〉, 2019. 12. 13.

회사와 함께 세상을 등진 중소기업인들도 부지기수였다. 삶 자체가 악몽이었다.

평생을 무역인으로 살 줄 알았던 나의 운명은 키코와 함께 완전히 달라졌다. 매일 아침 넥타이를 매던 손은 메가폰을 드는 손으로 바뀌었고 사무실에 앉아 있던 두 다리는 거리 위에 서 있었다. 거리의 투사가 된 것이다. 키코는 분명한 사기 상품이었고 은행이 중소기업인을 상대로 친 대형 사기 사건이었다. 나는 중소기업인의 피눈물이 채워진 잔으로 축배를 들고 있을 저들의 잔치를 그대로 두고 볼 수만은 없었다. 2008년 5월, 키코 피해 기업 공동대책위원회(이하 '키코 공대위')를 세웠다. 키코 공대위의 활동으로 키코의 폐해를 알리고 무너진 기업들을 살려내려 백방으로 뛰어다녔다. 정부의 금융 당국자들, 국회의원, 법조인, 언론인, 학계 교수들, 시민단체 사람들을 수없이 만났고 피해 기업을 모아 은행을 상대로 소송을 제기했다.

2008년 11월에 시작한 소송은 2013년 2월 대법원의 최종 판결로 최종 종결됐다. 결과는 키코 피해 기업의 패소. 대법원은 은행 측의 입장을 집요하리만큼 대변한 대형 로펌의 논리를 그대로 받아들였다. 무분별한 상품 판매, 가입자에게 불리한 옵션 설계로 인한 불공정 거래, 가입자에게 충분한 설명 없이 이뤄진 불완전 판매에 대한 고려는 없었고 은행의 주장만 수용된 판결이었다.

그렇다. 나는 실패했다. 그럼에도 불구하고 10년 이상을 실패와 좌절로 몸부림치면서도 키코 투쟁으로 불공정 사회와 싸워 끝장을 보려고 했다. 그래서 내게 대법원 판결은 끝이 아니라 또 다른 시작이었다. 키코 투쟁을 하며 탐욕스러운 금융 자본가들의 천국이 되어버린 대한민국의 민낯을 낱낱이 봐버렸기 때문이다. '갑'의 논리로 만들어진 대법원의 판결로 포기하기에는 남아 있는 현실이 너무나 참담했다. 키코 사태를 제대로 매듭짓지 않으면 이와 같은 금융 사기 사건은 더욱 대담해지고 교묘하게 진화해 또 다른 피해자를 만들게 분명했다. 나의 이런 불길한 예감은 2019년 DLS·DLF 사태가 터지면서 현실이 되었다. 수출 중소기업을 쓰러트린 약탈 금융의 검은 손이 이제는 개인의 주머니까지 털어가기에 이른 것이다. 해외 금리 연계 파생 결합 상품인 DLS, DLF의 경우 고객이 얻을 수 있는 수익은 연 4~5%가 전부인데 해당 금리가 일정 수준 아래로 떨어지면 원금 전액을 잃을 수 있는 고위험 상품이었다. '사기성'에 '불완전 판매'까지 쌍둥이라 할 만큼 키코와 판박이이다. 키코 사태가 터졌을 때 제대로 처리했더라면, 그때 제대로 된 진상 규명과 피해 구제가 되었더라면, 그때라도 금융 소비자를 보호할 방법을 간구했더라면 지금의 DLS·DLF 손실 사태는 나오지 않았을 것이다.

키코 사태가 있고 12년이 지나 바야흐로 2020년이 왔다. 그사이 촛불 혁명이 있었고 두 번의 정권이 바뀔 만큼 우리 사회에 많은 변화가 있었다. 그러나 금융 환경에 있어서만큼은 키코 사태가 있었던 2008년 당시와 조금도 달라지지 않았다. 금융 자본에 의한 약탈 사건이 이제는 서민의 삶까지 망가뜨리고 있는데 책임자 처벌은 아직도 요원하고 정부와 금융 당국의 뒷짐도 여전하다.

나는 약탈 금융의 피해자이기도 하지만 이 나라를 누구보다 사랑하던 사람이었고, 정의를 중요 덕목으로 삼고 기업을 경영하는 기업인이었다. 기업인으로서의 삶에만 충실했던 나는 키코 사태를 계기로 상식을 갖고 살아가는 한 명의 시민으로 다시 태어났다. 그리고 다시 태어난 나는 이 사회에 만연해 있는 불의에 참지 않기로 했다. 금융 사건이 어마어마한 규모로 터지는데 아무도 책임지지 않는 불의의 사회, 책임져야 할 사람들이 끼리끼리 이너서클을 만들어 더욱 잘 먹고 잘 사는 불공정한 사회를 우리 후배 세대, 자녀 세대에게 물려주고 싶지 않다. 과연 그럴 수 있는 방법이 있느냐 묻는다면, 있다.

바로 키코다. 키코 사태를 만들어 낸 금융 적폐를 청산하는 것이 그 방법이다. 이 책에 쓰여 있는 12년의 시간이 금융 적폐 청산의 필요성을 증언할 것이며, 키코 사태의 진상 규명과 책임자 처벌이 청산의 씨앗불이 될 것이다.

프랑스의 대문호 알베르 카뮈가 말했다.

"오늘의 죄를 처벌하지 않는 것은 내일의 죄를 용서하는 것이다."

그렇다. 키코 사태는 끝나지 않았다.

| 차례 |

추천사   4

머리말   11

들어가기 전에 _ 키코 사태 12년   19

## 1장 하루아침에 초토화되다

01 예측 가능한 리스크와 예측 불가능한 리스크   30
02 환율 관리 어려우시죠?   35
03 실패하면 나쁜 사람으로 낙인을 찍는다   40
04 끝나지 않는 전쟁   50
05 짝퉁 코막의 등장   56
06 가슴 아픈 그곳, 밀양교도소   64

## 2장 피해자만 있는 키코 사태

01 금융의 배신, 분노 대신 행동하라   72
02 내가 환투기꾼이라고?   79
03 그리고 아무도 책임지지 않았다   88
04 '패소'를 만든 사람들   95
05 거리에서 만난 사람들   106
06 여의도를 점령하라   114

## 3장 나에게 있어 '회사'의 의미

01 아버지의 유산, 어머니라는 축복   122
02 아스팔트와 누더기 영어사전   129
03 내가 대기업에 가지 않은 이유   138
04 250만 원으로 시작한 코막중공업   145
05 신뢰의 다른 이름, 리콜   155
06 운명 공동체, 코막중공업   160

## 4장 키코 사태는 끝나지 않았다

01 지금도 고통받고 있는 사람들      168

02 키코라는 괴물이 만들어진 이유      175

03 우리 모두가 당할 수 있다      182

04 키코는 기업 파괴 상품, DLS와 DLF는 가정 파괴 상품      186

05 21세기 주홍글씨, '신용 불량 이력'      191

06 실패의 자유를 보장하지 않는 사회      198


## 5장 올바른 사회 시스템을 위한 사자후

01 재도전하고 싶은 사람 다 모이세요      206

02 패자 부활의 가능성을 보다      211

03 실패를 넘어선다, 한국재도전연합회      219

04 제2의 키코 사태 예방을 위한 제언 ① 정부가 해야 할 일      227

05 제2의 키코 사태 예방을 위한 제언 ② 금융시기 해야 할 일      236

06 제2의 키코 사태 예방을 위한 제언 ③ 개인이 해야 할 일      243


맺음말      248

부록 _ 키코 관련 소송 및 재판 진행과정과 쟁점      253

# 키코 사태 12년

2006년부터 시중 은행들은 키코를 '환율 변동의 손실을 줄이기 위한 파생 금융 상품(환헤지)'으로 소개하며 수출 중소기업에 경쟁적으로 판매하기 시작했다. 은행들은 환헤지에 대한 지식이 미비했던 중소기업인들에게 환율이 오를 때 그 위험성을 없애주는 일종의 보험이라며 키코를 이해시켰고 2007년에 무려 900여 개 기업과 계약을 체결했다.

기업들 대부분이 키코 계약을 맺은 지 얼마 되지 않은 2008년 초, 리먼 브라더스 파산으로 글로벌 금융위기가 촉발됐다. 미국발 금융위기로 환율이 폭등하면서 키코에 가입한 기업들이 환차손 피해를 입기 시작했는데 그 규모가 20조 원대로 불어났다. 수출기업인들이 보험 상품이라 믿었던 키코의 실체는 무엇이었을까?

# 키코란 무엇인가?

　외환 파생 상품의 일종인 키코(KIKO)는 녹인, 녹아웃(Knock-In, Knock-Out)의 영문 첫 글자에서 따온 말로, 환헤지 상품으로 출시됐다. 은행이 외화에 대한 풋옵션을 기업에 매도하고 그 대가로 기업에 콜옵션을 받는 계약으로 되어 있다.

　키코는 은행과 기업이 서로 옵션을 교환하는 계약으로 환율이 약정한 범위 내에서 움직이면 기업은 고정된 환율에 외화를 은행에 팔 수 있어 환 위험을 줄일 수 있지만, 환율이 미리 정한 범위를 벗어나 올라가게 되면 은행이 반대로 콜옵션을 행사한다. 그러면 기업은 고정된 환율에 외화를 은행에 팔아야 할 의무가 생기고 그에 따른 환차손을 입게 된다.

# 키코, 뭐가 문제일까?

### 1. 불공정한 상품 설계

키코는 고도로 복잡하게 설계된 금융 파생 상품으로 계약부터 기업과 은행이 받을 수 있는 대가관계가 불균형하게 설계되어 있었다. 기업이 행사할 수 있는 풋옵션의 액수보다 은행이 행사할 수 있는 콜옵션의 액수가 2배 높게 설정되어 있었고 시장 환율이 특정상한(Knock-In) 환율을 넘어서면 은행은 콜옵션을 행사하는데 이때 환율이 상승하는 만큼 은행이 얻을 수 있는 이익도 무한대로 늘어난다. 콜옵션의 제한 약정은 없다.

반대로 기업의 경우는 어떨까? 은행의 콜옵션 행사처럼 풋옵션을 무한히 행사할 수 있을까? 아니다. 기업은 행사할 수 있는 환율 변동의 하한(Knock-Out)이 정해져 있어 계약 기간 중 시장 환율이 하한 가격 아래로 한 번이라도 내려가면 계약이 자동으로 종료되고 풋옵션을 더 이상 행사할 수 없다. 즉, 은행에는 없으나 기업에는 풋옵션 제한 약정이 있었다. 은행이 입을 수 있는 손해의 범위는 제한하고, 기업이 입을 수 있는 손해의 범위는 무한하게 해놓은 상품이었다.

또한 은행은 키코 계약 기간을 보통 2~3년으로 묶어 판매하면서 환율은 계약 당일의 시장 환율을 기준으로 정하고 계약 기간 도중 조건을 변경하는 것은 금지했다. 계약 기간이 길어질수록 환율의 변동이 커졌고 중간에 환율 조건 변경이 불가능했기 때문에 기업들의 환차손이 늘어날 수밖에 없는 것도 예견되어 있었다.

예를 들어, A 기업이 2년 동안 매달 1만 달러를 환율 1,000원에 팔 수 있는 키코 상품에 가입했고 치자. 이때 환율이 미리 정한 상한선과 하한선인 1,020원과 980원 사이를 오르내리면 A 기업은 손해를 보지 않는다. 하지만 계약 기간 동안 환율이 상한선인 1,020원을 넘어서면 기업은 매달 1만 달러의 2배인 2만 달러를 은행에 약정 환율인 1,000원에 팔아야 한다. 더 많은 달러를 은행에 비싸게 팔아야 하기 때문에 A 기업은 더 큰 손해를 볼 수밖에 없다.

## 2. 정보의 비대칭성과 불완전 판매

이처럼 아주 노골적으로 은행에 유리하게 설계된 키코를 수많은 중소기업이 가입했다니 놀랍지 않은가? 키코가 이런 상품이었는지 미리 알아볼 수 있었다면 과연 했을까 싶다. 은행들은 파생 상품 거래에 대해 지식이 없고 옵션의 가치 평가를 전문적으로 할 줄 모르는 중소기업에만 적극적으로 키코를 권했다. 기업의 피해가 무한히 늘어날 수 있다는 설명은 하지 않았다. 만약 했다 치더라도 기업이 알아들을 정도로 해주지 않았다.

중소기업인들은 은행에 대한 신뢰가 절대적이다. 그러니 은행이 소개하는 금융 상품이 기업에 일방적으로 피해를 줄 수 있게 만들어졌을 것이라고 상상한 중소기업인이 몇이나 있었을까 싶다. 심지어 은행의 임원들까지 나서서 키코 가입을 권유했으며 자신들의 금융 지위를 이용해 강매한 경우도 있었다. 중소기업인들은 은행을 믿었고, 은행을 몰랐고, 은행에 떠밀려서 가입하게 된 것이다.

### 3. 쓰나미가 몰고 간 수준의 피해

키코로 피해를 입은 중소기업의 현황과 피해액을 정확히 산정하기 어려울 만큼 그 피해 규모가 어마어마하다면 믿어지는가? 사실이다.

키코 사태로 인한 피해 현황은 집계할 때마다 숫자가 달라진다. 은행이 줄 불이익이 두려워 피해를 숨기고 있던 기업이 매해 새로 나타나고 키코 사태로 치명적인 피해를 입어 결국 부도 처리가 되는 바람에 집계 자체가 불가능한 기업도 있기 때문이다.

전부를 집계하기 어려운 한계를 인정하더라도 가장 최근인 2019년에 키코 공대위에서 자체 조사한 피해 기업의 피해 수준은 모두 1조 7,000억 원이 넘게 집계됐다. 겨우 피해 기업 60개를 조사했을 뿐인데 말이다. 이 60개 피해 기업의 1차 손실 액수는 9,706억 원, 2차 피해 비용은 4,868억 원, 거기에 이자 비용만 해도 2,911억 원에 달한다. 2010년 당시 금융위원회가 키코 계약업체를 738곳으로 집계했는데 이에 대입하면 총피해액은 무려 20조 원이 넘는다.*

대한민국 경제의 허리를 도맡고 있는 수백 개의 건실한 중소기업이 키코라는 쓰나미에 떠밀려 사라졌다. 키코 사태는 은행이라는 거대 금융이 장외 파생 상품을 만들어 기업을 위험에 빠트리고 기업의 자본을 약탈한 사건이다. 키코 사태로 피해를 입고 겨우겨우 버티고 있던 우량기업들은 대기업에 헐값으로 넘어가거나 금융권의 자회사로 팔려나갔다. 한마디로 키코는 탄탄한 중소기업들을 더 큰 금융 자본이 빨아먹은, 금융 탐욕의 집적판이라 해도 과언이 아니다.

---

* 「"키코 계약 문제 있다", 재조사 권고한 금융혁신위… 대법원 판결은 '불가항력'」, 〈시사위크〉, 2017. 12. 20.

# 키코 사태 12년의 기록*

2007년 7월~2008년 2월
은행들의 키코 상품 집중 판매 시기.

2008년 5월
키코 피해 기업 모임 '환헤지 피해 기업 공동대책위원회' 발족.

2008년 9월
키코 손실로 태산LCD 법정 관리 신청.

2008년 11월
키코 피해 기업 200여 개사, 키코 판매 은행 상대로 손해 배상 및
채무부존재 확인 민사 소송 제기.

2008년 12월
서울중앙지방법원 가처분 소송에서 2개사(모나미, 디에스) 승소하여
키코 결세금 지급 중시 판결(2010년 2월까지 진행된 가처분 소송은 은
행 측 승소).

2009년 12월
노벨상 수상자 로벌트 엥글 교수 법정 증언(피해 기업 측).

---

* 「"수출 중소기업 눈물", 9년 만에 돌아본 '키코 사태'」, 〈이데일리〉, 2017. 9. 17. ;
오세경·박선종 지음, 『키코 사태의 진실을 찾다』(북마크, 2013).

2010년 1월
스티븐 로스 MIT 교수 법정 증언(은행 측).

2010년 2월
서울중앙지법 민사합의21부. 수산중공업, 아이티씨가 낸 부당이익
금 반환 청구 소송에서 원고 패소 판결.

2010년 7월
키코 피해 기업 모임 '키코 피해 기업 공동대책위원회' 발족.

2010년 12월~2011년 7월
서울중앙지방법원 키코 1심 판결 추가 선고.
67개사 원고 패소, 17개사 일부 인용 판결.

2011년 5월
키코 피해 기업, 서울고등법원 항소심 시작.
서울중앙지검 금융조세조사2부, 키코 담당 수사 검사 공판부로 전
보, 이후 담당 검사 사퇴.

2011년 7월
서울중앙지검, 키코 사건 무혐의 처분.

2011년 8월
키코 피해 기업, 키코 판매 은행 불기소 처분에 대한 항고.

2012년 2월
서울고등검찰, 키코 판매 은행 불기소 처분.

2012년 3월
키코 피해 기업, 키코 판매 은행 불기소 처분에 대한 재항고.

**2012년 5월**
대검찰청, 키코 판매 은행 불기소 처분에 대한 재항고 기각 결정.

**2012년 8월**
서울중앙지방법원 제21부, 키코 1심 판결 선고.
4개사, 은행 책임 60~70% 인정.

**2013년 12월**
키코 피해 기업 모나미 항소심 일부 승소. 1심 원고 패소.

**2013년 7월**
대법원, 키코 사건 상고심 3건 전원합의체 공개 변론.

**2013년 8월**
대법원, '키코 불공정 거래행위 아니다' 최종 판결.

**2017년 9월**
이낙연 국무총리, '키코 사태 재수사 지시.'

**2017년 12월**
금융혁신위원회(윤석헌 금융혁신위 위원장), 키코 재조사 권고.

**2019년 11월**
키코 공대위, 사태 10년 만에 금융위원장(은성수 위원장) 면담.

**2019년 12월**
금융감독원(윤석헌 금융감독원장) "키코, 은행의 불완전 판매 탓" 은행의 배상 권고.

# 1장

# 하루아침에 초토화되다

1997년 창업 이후 한 번도 적자를 내본 적 없던 회사가 하루아침에 쓰러졌다. 북미, 중동, 아프리카, 유럽 등 60개국에 자사 브랜드 제품을 수출하고 있었고 건설 중장비분야에 29개의 특허를 출현하며 회사의 미래 먹거리도 탄탄하게 준비되어 있던 회사였다.

키코의 포화는 상황과 상대를 가리지 않았다. 가족은 뿔뿔이 흩어졌고, 회사는 강제적인 구조조정을 해야 했으며 협력사의 연쇄 부도가 이어졌다. 키코가 터트린 폭탄의 잔해를 수습하는 것은 오직 나 혼자만의 몫이었다.

"환율 관리 어려우시죠?"

이 한마디로 시작된 키코 사태는 대재앙의 서곡이었다.

# 예측 가능한
리스크와
# 예측 불가능한
리스크

120여 명의 구성원의 꿈과 희망이 모여 있던 코막중공업은 1997년 창업 이후 한 번도 적자를 내본 적 없는 기업이었다. 매출 대부분을 수출로 벌었던 수출 강소기업으로 북미, 중동, 아프리카, 유럽 등 60개국에 자사 브랜드 제품을 수출하고 있었고 코막중공업의 유압파쇄기는 세계 13개국에서 시장 점유율 1, 2위를 다툴 정도로 신뢰받고 있었다. 미국, 중국, 네덜란드에 해외 법인이 있었고 11개의 해외 사업장을 따로 둘 만큼 세일즈 네트워크도 완성되어 있었다.

연평균 매출 성장률이 50%가 넘었으며 연 350억 원대의 글로벌 연결 매출을 올렸고, 건설 중장비분야에 29개의 특허를 출현하며 압도적인 기술력도 확보하고 있었다. 경기도 시화공단에 있던 1,000여 평 규모의 공장이 부족해 충북 음성에 2만 7,500평의 용지를 매입, 1만 2,000평 규모의 공장 건설을 앞두고 있었다.

그러던 2007년 겨울, 거래 은행의 권유로 키코에 가입했다. 가입 당시의 회사 상황을 돌이켜보면 가입 이유는 너무나 간단했다. 당시 회사는 경영 자금을 끌어올 투자가 필요했던 상황도 아니었고 지푸라기를 잡는 심정으로 이름 모를 금융 상품에 가입할 만큼 불안정한 상황도 아니었다. 가입을 권유한 은행의 설명이 그랬듯, 혹시 있을 환율에 따른 손실을 대비하는 보험 차원이었다. 말하자면 경영 안전망을 하나 더 쳐둔다는 정도였다.

　기업을 경영하면 누구든 경영 계획이라는 것을 수립하기 마련이다. 이때 가장 중요한 요소가 리스크 관리인데 이 리스크에는 예측 가능한 리스크와 예측 불가능한 리스크가 있다. 예측 가능한 리스크는 경영 계획의 수립단계에서 이미 어느 정도의 대비책을 마련해 두기도 한다. 실제로 리스크가 터져도 이미 예상했기 때문에 해당 문제를 확실한 통제하에 두고 해결을 모색할 수 있다.

　문제는 예측 불가능한 리스크다. 예측 불가능성이야말로 경영자를 가장 위협하는 위험요인이다. 그래서 많은 경영자가 예측 불가능한 리스크의 등장을 최소한으로 줄이고자 사업의 안전망을 겹겹이 쌓으려고 노력한다. 사업에 영향을 끼칠만한 모든 조건을 점검하는 것도 그 일환인데, 거기에는 국가의 정책이나 제도의 변화를 확인하는 것도 포함되고, 특히 나와 같은 수출기업인들은 국제 정세와 환율 변화에도 각별한 관심이 필요하다. 그러나 만반의 준비를 한다 해도 예측 불가능한 리스크는 말 그대로 예측 불가능하기에 어디서 어떻게 폭탄이 터질지 몰라 조마조마한 것이 사실이다.

회사 내부의 문제로 터지면 그나마 낫다. 정말로 위험한 것은 경영자의 관리영역을 벗어나 외부에서 폭탄처럼 터지는 일이다. 내게도 그런 예측 불가능한 폭탄이 터졌다. 크기가 핵폭탄급이었다. 은행의 권유로 가입했던 키코로 인해 나는 내 인생의 가장 큰 핵폭탄을 때려 맞았다. 이 핵폭탄으로 인해 나는 갖고 있던 자산을 모두 매각해야 했고 가족을 타국으로 떠나보내야 했으며 코막중공업과 함께 했던 협력업체들이 줄도산했고 직원들을 대량 해고해야 했고 소송에 시달렸고 해외 법인이 붕괴가 됐다. 어떻게든 살려보려 했던 회사는 결국 패스트 트랙, 워크아웃을 거쳐 법정 관리체제로 들어가고 말았다. 키코 가입 직전 코막중공업이 갖고 있던 경쟁력과 명성을 생각하면 키코가 던져 놓은 핵폭탄의 크기가 얼마나 어마어마한지, 솔직히 핵폭탄이라는 말로도 부족한 심정이다.

나는 수출기업이라면 누구나 고민하게 되는 예측 불가능한 리스크, 즉 환율 변동에 따른 위험에 대비하고자 2007년 말 키코에 가입했다. 키코를 환율 변동의 위험성을 낮춰주는 통화옵션 상품이라 소개했던 은행을 전적으로 신뢰했기 때문이다. 그런데 여기서 참으로 기가 막힌 아이러니가 발생한다. 위험을 피하고자 가입한 보험 상품이 실은 그 자체로 엄청난 리스크 덩어리였다는 점이다.

지금껏 사업을 하며 이런저런 부침이 없었던 것은 아니었다. 그러나 어려움과 위기들이 철저히 나의 부족함에서 기인한다고 생각했다. 그래서 실패의 원인과 회복의 열쇠를 나에게서 찾으려 부단히도 애썼고 어려운 고비마다 나의 쇄신을 통해 극복해 나아갔다. 나는 나의 시련 또한 회사가 성장하는 데 있어서 필요한 경험이라 생각했다. 혹여 돌이킬 수 없는 실패에 직면하면 국가 시스템이 재기의 발판을 마련해줄 것이라 믿었다. 그러한 믿음이 있었기에 창업이라는 무모한 도전도 감행할 수 있었다. 키코를 가입하던 그해는 매출 최고액이 매달 경신될 정도로 주문이 폭주했고 확장된 사업 규모에 맞춰 공장 부지를 새로 매입했을 정도로 회사가 황금기를 구사하던 시기였다. 그러나 나는 바로 그다음 해인 2008년을 기점으로 가족과 함께 살던 집 한 채도 지켜내지 못한 채 완전히 망했다. 우리 회사 제품이 경쟁력이 없어서도 아니었고 내가 방만하게 경영한 것도 아니었다. 나를 망하게 한 것은 비즈니스 요인이 아닌 내가 신뢰했던 금융이었다.

키코를 권유하고 판매한 은행은 키코가 리스크 높은 장외 파생상품이라는 사실을 이미 알고 있었다. 환율이 내려갈 때 은행이 보전해주는 환차손의 범위는 극히 한정적이었고, 환율이 오르면 오를수록 커지는 고객의 손실은 무한대였다. 고객의 손실액만큼 은행은 앉은자리에서 엄청난 폭리를 취득했다. 한마디로 키코는 은행만 알고 있는 예측 가능한 리스크였다. 박수도 마주쳐야 소리가 난다고 환율 하락의 가능성을 강조하던 은행이 수출 중소기업에 키코를 판매하자마자 당시 이명박 정부의 고환율정책이 쏟아졌다. 이와 같은 조건에서 망하지 않고 살아남을 자가 누가 있겠는가? 나의 실패는 나만 몰랐을 뿐, 이미 예견되어 있었다.

2012년 금융감독원(이하 '금감원')이 국정감사에 제출한 자료에 의하면, 당시 집계된 피해 기업 776개사 중 폐업, 부도, 법정 관리, 워크아웃 등 부실화된 기업은 은행들 집계로만 110개사에 달했다. 776개 키코 피해 기업들은 당시 신용 등급 최하가 A일 정도로 매우 우량했다. 금융 상품에 가입했다는 이유만으로 건실한 수출 중소기업들이 하루아침에 부실기업이 된다는 게 가능한 일인가? 나는 이 하나의 사실만으로도 키코라는 상품 자체에 여러 문제 제기를 하지 않을 수 없다.

▶ 글로벌 시장 연결 매출이 350억 원인 회사가 키코 사태 때문에 하루 아침에 초토화되어 폐업한 공장으로 긴급하게 임시로 피난을 갔을 때 모습 | 2009년 11월 경기 반월공단

# 환율 관리
## 어려우시죠?

위험하다는 설명도, 손실이 크게 날 수도 있다는 경고도 없었다. 환율 관리에 좋은 환헤지 상품이 있다며 거래 은행의 지점장이 나를 직접 찾아왔다. 지점장은 환율이 곤두박질칠 텐데 물건 팔아봐야 이익률이 2~3%밖에 나지 않는 상황에서 환 손실이 나면 기업을 어떻게 운영하겠느냐는 걱정까지 늘어놓으며 내게 키코 가입을 권유했다. 키코를 보험과 비슷한 금융 상품이라 소개했고 고객 서비스 차원에서 수수료도 받지 않는다고 했다. 금융전문가인 은행이 환 위험 관리를 해준다며 내게 가입을 종용했다. 원화 가치가 하락하면 기업의 손실이 몇 배로 커질 수 있다는 사실은 쏙 빼놓은 채 말이다.

은행의 설명은 간단했다. 키코는 은행과 기업 간 약정 환율의 상한선과 하한선을 정해놓고 옵션을 교환하는 계약이었다. 환율이 약정한 범위 내에서 움직이기만 하면 기업은 고정된 환율에 외화를 은행에 팔아 환 위험을 줄일 수 있다는 설명이었다. 반대로 환율이 상한선보다 오르면 기업은 환율이 오르는 만큼의 환차손을 봐야 했지만 은행은 더 이상 환율이 오를 가능성이 없으니 걱정할 필요 없다고 기업들을 안심시켰다.

그러나 일정한 환율로 외화를 관리해 환 손실을 줄일 수 있다던 은행의 간단한 설명과 달리 키코는 굉장히 복잡하게 설계된 금융 파생 상품이었다. 기업인이 환율 하락으로 인한 환 손실을 보존받을 수 있는 하한선(Knock-Out)은 정해져 있었고 계약 기간 중 시장 환율이 하한 가격 아래로 한 번이라도 내려가면 계약이 자동으로 종료되어 기업은 계약에 대한 권리를 더 이상 행사할 수 없었다. 키코의 계약 기간은 통상 2~3년으로 정하고 계약 기간 동안에는 외부의 사정이 변해도 조건의 변경을 허용하지 않는 약정도 포함되어 있었다. 즉, 지나친 환율 변동으로 인해 은행이 입을 수 있는 손해 범위는 제한된 것이었다. 반면 시장 환율이 상한선(Knock-In)을 넘어서도 기업은 정해진 가격에 외화를 은행에 팔아야 하고 환율이 지나치게 상승해도 기업이 계약을 해지할 수 있는 제한 약정은 존재하지 않았다. 환율이 약정 환율을 넘어 무한히 상승하면 그만큼 기업의 손해도 무한대로 늘어나는 것이다.

키코는 처음부터 상호 간 대가관계가 불균형하게 설계된 상품이었고 환율이 오를수록 은행이 막대한 폭리를 취할 수 있는 상품이었다. 환율의 불확실성 때문에 계약 기간이 길어질수록 기업이 환차손을 볼 가능성이 커져 기업에는 불리했다. 하지만 은행은 환율이 아무리 변동해도 환차손을 볼 수 있는 한계를 제한하는 안전장치를 해놓았기 때문에 계약 기간이 장기화될수록 기업이 원하는 환헤지 효과는 줄어들고 은행의 이익은 극대화될 수밖에 없었다. 은행은 이런 사실을 인지하고 있었으면서도 계약 기간을 2년 이상의 장기로 해놓고 중소기업인들에게 판매했다. 은행은 복잡하게 설계된 금융옵션의 가치를 따져볼 줄 몰랐던 중소기업인들에게 이 위험한 금융 상품을 '금융 관리'라는 그럴듯한 이름을 붙여 계약 체결을 가능하게 만든 것이다.

은행의 마케팅은 실로 대단했다. 2008년 키코 관련 공청회에서 발표된 당시 김동철 민주당 의원의 자료에 따르면, 2006년 1월부터 20개월 동안 시중 6개 은행의 임원들이 중소기업 2,453곳을 상대로 무려 1만 800번이나 방문해 키코 계약을 권유했다는 사실이 밝혀졌다. 업체당 4회가 넘는 방문횟수다. 은행 지점장과 부지점장이 직접 회사나 공장으로 찾아와 키코 가입을 권유하는 일은 매우 이례적이다. 중소기업의 경우 은행이 '갑'이기 때문에 그들의 요청이나 제안을 쉽게 거절하기 힘든 게 사실이다. 은행이 기업의 여신한도를 책정할 뿐만 아니라 기존의 대출 기한을 연장하고 새로운 대출 계약을 할 때 그 결정권을 쥐고 있기에 그렇다. 실제로 은행은 자신들의 우월적 지위를 이용해 대출에 키코를 끼워 파는 방식도 동원했다.

은행들은 왜 이렇게 키코 판매에 적극적이었을까? 당연히 막대한 이익을 취할 수 있었기 때문이다. 키코는 은행들에만큼은 최고의 고수익, 저위험 상품이었다. 은행들은 풋옵션과 콜옵션의 이론가를 구하는 금융 공학프로그램을 보유하고 있었고 이를 통해 키코가 자신들에게 유리할 대로 유리한 상품이라는 것을 알고 있었다. 금융옵션의 가치를 제대로 산정할 수 없는 중소기업들을 타기팅(Targeting)하여 판매하고 뒤로는 막대한 폭리를 취했다.

나 역시 키코의 본질을 당연히 몰랐거니와 4대 시중은행 중 하나였던 거래 은행의 적극적인 권유를 쉽게 뿌리치거나 무시할 수 없었다. 나는 기업과 은행은 강력한 신뢰를 기반으로 공생하는 경제주체라고 인식하고 있었고 설마 은행이 기업을 망하게 하겠느냐는 생각이 있었다. 그리고 무엇보다 은행에 대출 결정권이 있었다. 하필 공장 시설 확장을 위한 추가 대출이 필요했던 시기였다. 은행이 나의 그런 상황까지 계산하고 권유해왔는지는 확신할 수 없지만 어찌 됐건 사업하는 내 입장에서는 대출 진행을 앞둔 시점에서 은행지점장의 강한 권유를 모른 척하기 어려웠다. 결국 나는 2007년 11월, 약정 환율 920원에 월 70만 달러 규모로 키코에 가입했다. 계약기간은 3년이었다.

계약을 맺은 다음 달, 바로 문제가 생겼다. 원·달러 환율이 950원대로 치솟으며 손실이 나기 시작한 것이다. 해를 넘겨 2008년이 되자 사태는 더욱 심각해졌다. 리먼브라더스 사태가 신호탄이 된 미국발 글로벌 금융위기로 환율이 요동치기 시작했다. 그런데도 당시 이명박 정부는 이상하리만큼 고환율정책을 고집했다.

나는 은행을 찾아가 손실을 줄일 대책을 마련해 달라고 통사정했다. 그때 은행이 내게 권한 것은 소위 '물타기'였다. 추가 계약을 맺는 방법을 제안한 것이다. 은행을 믿었던 나는 960원, 990원의 약정 환율로 추가 계약을 맺었다. 하지만 급등하던 환율은 이내 1,000원을 돌파했고 1,400원을 넘나드는 수준까지 올라갔다. 코막중공업이 환율 급등으로 인해 입은 손실금액은 180억 원에 달했다. 아직 놀라긴 이르다. 그건 시작일 뿐이었다.

"환율 관리 어려우시죠?"

이 한마디로 시작된 키코 사태는 대재앙의 서곡이었다.

# 03

## 실패하면
## **나쁜 사람으로**
## 낙인을 찍는다

　아내가 울고 있었다. 젊은 날, 나를 만나 아이 셋을 낳고 형편이 어려우면 어려운 대로 아끼고 저축하며 살뜰하게 살림을 꾸려가던 사람이었다. 내가 멀쩡히 다니던 직장을 그만두고 사업을 시작하겠다고 했을 때도 말없이 지지해줬다. 아내의 전폭적인 신뢰가 없었더라면 코막중공업도 나 자신도 이만큼 오지 못했을 것이다. 아내는 내 인생의 고비마다 나의 가장 가까운 곁에서 위로와 이해를 보내주던 든든한 우군이었다. 나는 그런 아내를 울리고 말았다.

　2008년 크리스마스 이브, 나와 아내는 강남대로를 걷고 있었다. 크리스마스와 연말연시 분위기로 온 거리가 환하고 반짝였다. 겨울 추위에 옷깃을 여몄어도 거리를 다니는 사람들의 얼굴만큼은 그 어느 때보다 따뜻해 보였다. 겨울바람에 뼈가 시린 사람은 우리 부부뿐인 것 같았다. 우리 부부는 막 캐피탈회사에서 나온 참이었다. 직원이 건네주는 한 뭉치의 서류에 서명하고 나온 직후였다. 거창하진 않아도 매년 크리스마스에는 아이들까지 다섯 식구가 모여 크리스마스 케이크를 나눠 먹었는데 이제는 빚더미에 올라앉을 불안에 떨어야 하는 상황이 됐다.

늦은 밤, 홀로 불 꺼진 집에서 울고 있는 아내를 보니 가슴이 무너져 내렸다. 내색은 안 해도 마음고생을 엄청나게 하고 있을 아내였다. 덜컥 겁이 났다. 키코로 가족에게까지 문제가 생길 것 같은 불안한 예감으로 하루하루가 고통스러웠다. 당시 가진 자산이라 봐야 가족과 살고 있던 아파트 하나가 유일했다. 그러나 이마저도 압류 위기에 놓여 있던 상황이라 가족을 지켜낼 방법을 찾는 것이 시급했다. 마침 미국 현지 법인 책임자가 퇴직하는 바람에 파견자를 보내야 했는데 형편이 못 되던 차에 아내를 설득했다.

그렇게 가족을 미국으로 떠내 보냈다. 키코 사태가 수습되면 다시 모이기로 약속하고 머뭇대는 어린아이들의 등을 떠밀었다. 길어야 3년이면 될 거라고 말하면서 나는 속으로 터지는 눈물과 쓴 소주를 삼키며 아내와 약속했다. 그러나 나는 약속을 지키지 못했다. 어느덧 10년이라는 시간이 더 흘러버렸던 것이다. 그사이 아이들은 다 컸고 아내는 타지에서 홀로 고생하느라 부쩍 늙었다. 가족들에게는 그저 미안한 마음뿐이었다. 키코 폭탄에서 회사를 지켜내느라 아버지로서, 남편으로서 식구들 고생만 시켰지 마땅히 해준 게 없는 나는 나쁜 아빠, 나쁜 남편이었다.

가족과 생이별을 하고 나는 매일 발톱이 빠질 정도로 뛰어다녔다. 매일 은행에 결제해야 할 돈이 불어갔다. 한 달에 몇억씩, 많게는 월에 15억도 내야 했다. 사방팔방으로 뛰면서 자금을 모아 은행에 갖다 내고 돌아서면 다음 달 결제금이 불어 있었다. 부도를 면하려면 은행에 현금을 갖다줘야 했다. 회사의 규모를 줄이고 자산 매각을 병행하는 수밖에 없었다. 지게차 사업부와 플랜트 사업부를 해체했다. 해외 파견 사원들을 내보냈고 생산 인력도 줄였다. 유럽 공장과 중국 공장, 미국 사업을 정리했다. 공장 확장을 위해 매입했던 땅도, 반월공단에 있던 기존 공장도 팔았다. 키코는 전 세계에 퍼져있던 코막중공업 13개 사업장 구석구석까지 다 쓸어버렸다. 미국, 유럽, 중국의 해외 법인이 붕괴가 됐다.

　키코로 인한 금융 손실은 180억 원이었지만 해외 사업장 붕괴 등으로 입은 총손실까지 합하면 피해액은 350억 원이 넘었다. 120명이 넘는 사람들로 북적였던 회사에는 15명 정도만 남았다. 회사를 유지하기 위한 최소한의 인원만 남길 수밖에 없었다. 갑작스러운 구조조정에 직원들은 황망함을 감추지 못하고 회사를 떠났다. 사장인 나를 향한 원망의 목소리도 곳곳에서 들렸다. 먹고살 길이 당장 끊겨버렸는데 그들 심정이 오죽했을까 싶다.

　우리와 함께하던 협력업체 60여 개의 타격은 더 심각했다. 코막중공업이 무너지는 순간, 협력업체들의 연쇄 부도는 불가피한 일이었다. 결국 키코 사태가 터지고 2년이 지나지 않았을 때부터 협력업체들의 도산이 시작됐다. 어떤 사람은 같이 죽자고 칼을 들고 회사에 찾아왔다. 어떤 사람은 온몸에 휘발유를 뿌리고 찾아왔다. 또 어떤 사람은 쇠사슬을 들고 와서 휘둘렀다. 상상조차 해본 적 없는 험한 일을 매일 같이 당했다. 그래도 나는 그들의 분노를 이해했다. 키코로 인해 우리 모두가 고통스러웠다. 우리와 거래하는 업체 거의 대부분이 코막중공업에 전량 납품하는 구조였기 때문에 키코의 타격을 고스란히 떠안아야 했다. 그래도 코막중공업만은 살려보겠다고 채권 회수를 유예하며 전심을 다 해 도와주던 협력업체 사장들도 있었다. 코막중공업 설립 초기 때부터 함께하며 성공의 과실을 같이 수확하던 사람들이었는데 이제는 그들도 공사판 막노동을 뛰어야 입에 풀칠이라도 할 수 있는 정도였다.

나는 이들 기업이 살아남을 수 있도록 노력을 정말 많이 기울였다. 여러 기관을 찾아가 호소도 하고 사정도 했지만 소용없었다. 내가 벌어온 달러는 족족 은행이 먼저 채가기 바빴고 키코로 금이 간 신용 상태로는 내가 할 수 있는 그 어떤 금융적 조치도 없었다. 협력업체들의 연쇄 부도를 막으려 정부와 매칭 펀드로 조성한 연구 개발 출연기금 일부를 사용했다가 공금 횡령으로 징역 2년에 집행유예 3년을 선고받기도 했다.

어느 날 갑자기 다목적 소형 중장비 개발 책임자가 3,000만 원을 성과급으로 지급해 달라고 면담을 요구했다. 당시 기술 개발은 성공했으나 사업화까지는 요원한 상황이었다. 키코 사태가 우선 해결되어야 사업화를 하든지 말든지 해야 했기 때문이다. 저간의 사정을 설명했으나 그 개발 책임자는 막무가내였다. 당시 상황을 잠시 설명하자면, 키코 결제로 인해 자재 대금 및 외주 대금 결제가 동결되는 바람에 개발에 함께 참여한 주력 협력업체들이 극심한 자금난에 허덕였고 초가삼간까지 다 넘어갈 위기에 처해 있었다.

나의 선택지는 없었다. 정부도 은행도 기관들도 나의 호소를 철저하게 외면했다. 자금팀 직원들도 모두 손들고 회사를 떠났다. 극심한 회한이 몰려왔다. 내가 저들에게 도대체 무엇을 잘못했길래 철저하게 나의 등에 비수를 꽂는단 말인가! 노심초사 나의 결단을 기다리고 있는 협력업체들에 기금을 선급금으로 풀어줄 테니 어떻게든 살아남아 있어 달라고 당부하며 기금을 풀었다. 내가 내 손으로 수갑을 채워야만 하는 고통은 청천벽력 이상의 찢어지는 고통의 순간이었다.

아무튼 개발 책임자는 기금 전용이 대표이사에게 형사 책임을 묻는다는 것을 잘 알고 있었다. 나는 그런 나의 무능력과 무기력을 탓해야 했다. 3,000만 원과 타협할 수는 없었고 또 나중에 같은 방식으로 협박이라도 해오면 그 이후부터는 어떻게 감당할 것인지 고민이 들었다. 소문이 날 경우 경영자로서의 조직 통제력은 상실될 수밖에 없는 노릇이었다.

은행관리단 파견의 자금관리단장도 나와 같은 의견이었다. 지금 매를 때리는 대로 맞는 것이 좋겠다면서 나의 의견에 공감을 표했고 하나님께 열심히 기도하겠노라 말했다. 그 돈으로 죽어가는 협력업체를 살리는 것이 공익적으로 더 유익하다고 판단했다. 나는 그 개발 책임자에게 지급 거절을 통보했다. 그날로 국민권익위원회에 고발되어 검찰의 가혹한 조사를 받고 법정에 서야만 했다. 회사의 운명이 여기서 끝나는가보다 싶었다. 개인적으로 그 돈으로 커피 한잔도 사 먹지 않았다고 호소해봐야 소용없었다. 어마어마한 금융 피해를 당한 우리를 구제, 아니 적어도 숨이라도 고를 수 있게 현재를 유예시킬 만한 사회적 안전판 같은 것은 없었다.

원진기계, 거영정밀, 동원연마, 미레텍 그리고 페인트 공급업체 K사. 키코로 인해 공장 문을 닫은 협력업체들의 이름이다. 내가 이들의 이름을 꺼낼 때마다 많은 사람이 말한다. 다 지나간 일이라고. 내가 어쩔 수 없는 일이었으니 그만 털어내라고 한다. 나를 걱정해서 하는 말이란 것을 잘 안다. 구조조정 단행과 협력업체의 연쇄 부도를 막지 못한 나는 극도의 스트레스를 받고 건강을 잃을 대로 잃었다. 체중은 갑작스레 불어 100킬로그램이 넘었고 불면증과 공황장애에 시달렸다. 악화일로를 걷던 회사와 마찬가지로 건강도 회복 불능 직전에서 겨우 필사의 탈출을 할 수 있었다. 내가 다시금 이들 업체를 호명하는 것은 그때의 고통을 환기하고 아픔을 들춰보는 일과 다름없기에 이제 그만 털어내라는 말은 그만 괴로워하라는 주변의 다독거림일 것이다. 아픈 기억일수록 잊고 싶어 하는 사람의 마음은 다 똑같다지만 나는 이들의 이름을 가슴에 새겨놓고 시시때때로 꺼내본다. 아무것도 해줄 수 없어서 나쁜 사장으로만 남아야 했던 비탄함과 절망감이야말로 지금의 나를 움직이게 하는 동력이기 때문이다.

나는 키코 사태를 겪으며 실패한 기업가에게 어떤 사회적 낙인이 찍히는지 적나라하게 경험했다. 실패한 기업인은 곧 '나쁜 사람'이었다. 우리나라에서는 한 번의 실패로 너무 많은 대가를 치러야 한다. 나의 경우는 사실 실패를 했다기보다는 외부요인에 의해 실패를 당한 셈이지만 기본적으로 우리 사회는 실패를 실험과 도전의 결과로 보지 않는 문화가 팽배한 것이 사실이다. 사회 시스템도 그렇다. 실패의 책임을 개인에게만 돌리고 물으니 실패한 사람이 죄인이 된다. 실패한 기업인을 죄인 취급하는 정서로 인해 나는 주변의 많은 친구를 잃었다. 내 사업이 잘될 때는 하루가 멀다고 연락해오던 사람들이 회사 평판이 극도로 추락하자 여기저기서 코막중공업이 망했다고 수군거렸다. 사업에 문제를 갖고 있던 나는 더 이상 쓸모없는 존재 취급을 당했다. 그런 그들과 멀어지게 된 건 오히려 다행이다. 덕분에 진짜 친구와 허울뿐인 친구를 구분하게 됐기 때문이다. 그럼에도 불구하고 그건 내가 마주한 아주 비정한 현실이기도 했다.

실패한 사람이 나쁜 사람이 되는 이유는 간단하다. 우리나라에는 실패한 사람이 다시 재기할 수 있도록 해주는 제대로 된 사회 안전망이 없기 때문이다. 몇몇 기관에서 재도전을 지원한다고 하지만 방법은 중구난방에 그나마도 제한적인 구석이 많아 기대할 정도는 아니다. 나 역시 회생의 출구를 찾으려 기술보증기금, 중소기업청, 법원 등등 안 다녀본 곳이 없지만 원스톱으로 실질적 도움을 받은 기억은 없다. 이때의 경험이 훗날 내가 직접 재기 기업인을 돕는 협회를 꾸리게 된 배경이 됐다. 오죽하면 직접 나서게 됐는지에 대해 차차 설명하겠지만 우리나라 사회 시스템이 실패한 기업인의 절박함을 알아줄 것이라는 기대는 안타깝지만 하지 않는 게 좋다.

기업의 실패가 개인의 실패가 되는 구조를 끊어내지 않으면 실패한 사람은 영원히 나쁜 사람으로 남는다. 악성 채무자가 되고 직원을 대량 해고하는 악덕 오너가 되며 가족을 흩어지게 만드는 무책임한 가장이 된다. 단언컨대 실패한 기업인의 재기가 불가능한 사회가 지속하면 우리 경제에 혁신, 창조, 성장이란 단어는 더 이상 쓸

▶ 필자가 기업인들에게서 모금해 기업 연대 보증 부실 채권 소각을 최초로 주빌리은행 주관하에 성남시에서 거행했을 때 모습 | 2015년 12월

▶ 20대 국회 시작과 함께 민주당 국회의원 123명의 세비를 모아 죽은 채권을 매입해 소각하는 행사 모습 | 2016년 5월

부실채권 123억원 탕감!
(2,525명 구제)

기부금 : 81,795,000원
(665,000원×123명)

더불어민주당 국회의원 일동

▶ 국회에서 민주당 의원 123명의 세비를 우상호 원내대표로부터 전달 받는 모습

수 없을 것이다. 이제는 실패를 이유로 나쁜 사람으로 기억되는 일은 더 이상 없어야 한다. 실패는 경험이자 소중한 자산이지 주홍글

씨의 낙인이 아니다. 한 번 망했다는 이유로 실패자로 낙인찍는 전근대적 사고방식을 우리 사회에서 퇴출시키는 것이야말로 요즘 사람들이 자주 쓰는 '혁신 경제'의 기본이 아닐까 생각된다.

# 04

# 끝나지 않는
## 전쟁

　나는 존폐의 기로에 서 있는 코막중공업을 구제하기 위해 정부와 금융 당국의 문을 두드리고 또 두드렸다. 그때 겨우 금융 당국이 내놓은 구제 프로그램이 패스트 트랙이다. 패스트 트랙은 2008년 글로벌 금융위기 당시 금융회사들이 중소기업 대출을 급격히 회수하는 것을 막기 위해 도입되었는데 유동성 위기에 처한 중소기업을 채권단이 평가하고 기존 대출의 만기를 연장하거나 신규 자금을 빌려주는 제도다. 코막중공업은 패스트 트랙으로 20억 원의 자금을 수혈받았다. 하지만 그것으로 위기를 넘기기에는 역부족이었다.

　어렵사리 키코 대금을 청산했더니 신용등급 추락이라는 치명적인 후유증이 기다리고 있었다. 100억 원이 넘는 현금을 급히 융통하느라 자산을 매각한 것이 장부상 부채 비율을 높였고 이로 인해 정상이었던 신용등급이 요주의로 강등됐다. 연 5~6%였던 대출금리는 연체 이자율 수준인 연 19%까지 뛰었다. 나의 신용등급을 깎은 은행은 급기야 신용한도마저 없애버렸다. 당장 기업 운영자금이 말라붙었다. 2010년의 일이었다.

거래처의 주문은 계속 들어오고 있었다. 일찍이 해외 시장에서 우리 제품이 좋기로 소문이 났고 당시 건설장비업계가 호황을 보이며 한꺼번에 500만 달러가 넘는 수출 주문이 들어왔다. 그러나 그림의 떡이었다. 원자재 살 돈이 없던 것이다. 공장 가동률이 30%밖에 되지 않았다. 주문은 들어오는데 물건을 만들 수 없는 처지였다. 물건을 많이 팔아야 대출금도 갚고 공장 가동률도 높일 텐데 망가진 신용등급으로는 은행에서 돈을 빌릴 수 없었다.

더 치명적으로 무역금융마저 막혀버렸다. 수출기업들은 제품을 해외 수입자에 보내고 대금이 결제되기 전까지 수출대금을 담보로 수출환어음을 발행해 자금을 조달하는 것이 통상적이다. 그러나 은행이 키코 손실을 이유로 수출환어음 매입을 거부했다. 자재 살 돈만 지원해주면 빚도 갚고 공장도 돌릴 텐데 자금 유동이 막혀버리니 매출은 급감하고 갚지 못한 대출이자는 눈덩이처럼 불었다. 자재비를 구하려 시중은행은 물론 국책은행의 문까지 두드렸지만 모두 지원 불가를 통보했다. 나는 공장에 남아 있던 제품 조립라인을 아예 뜯어내 버렸다. 해외에서 수주가 밀려 들어와도 은행에 이자를 내느라 원자재를 조달할 돈이 없는데 무슨 소용인가…. 내가 내야 할 은행이자만 매달 1억 원이 넘었다.

결국 코막중공업은 워크아웃을 거쳐 2012년 4월 13일부로 법정 관리에 들어갔다. 돈이 생기는 족족 은행에 갖다줬지만 채무의 늪에서 빠져나올 수가 없었다. 이 채무를 벗겨내지 않고서는 아무런 희망이 없었다. 차라리 다 엎어버리고 다시 시작하는 게 빠를 것 같았다.

정부의 구제금융정책이 얼마나 졸작인지 유능하다는 관료들이 죄다 모여 만들었다는 것치고는 시스템이 그렇게 엉성할 수가 없었다. 관료들이 실패를 직접 경험해봤을 리는 만무하니 적어도 현장에 방문해 실패한 기업인들의 목소리를 들어봐야 했다. 그 정책이 도대체 누구를 위한 시스템인지 의문이 들 정도였다. 모든 행정적 조치가 그렇겠지만 특히 구제금융정책과 제도는 당장 국민의 먹고사는 문제로 직결되기 때문에 관료들의 탁상공론 수준에서 결정되면 안 된다. 내가 겪은 금융 구제 프로그램은 책상머리에서 만들어진 딱 그 수준이었다.

금융 당국이 만들어 놓은 규제와 감독의 사각지대를 이용해 은행이 키코와 같은 약탈적 파생 상품을 팔아치워 대거 중소기업이 줄도산의 위기에 빠지게 됐으니 정부가 좀 더 적극적으로 문제 해결의 의지를 보여야 할 게 아닌가 싶었다. 당장의 반성을 차치하고서라도 말이다. 그러나 내 기대가 너무 컸다. 국민이 쓰러졌을 때 국가가 나서서 그 국민의 안녕과 재산을 지켜줄 것이라는 생각은 환상에 불과했다.

견딜 수 없이 비참했다. 나를 망하게 한 은행에, 그것도 매달 억대의 이자를 내가며 금융 구제를 호소해야만 하는 현실에 기가 막혔다. 내가 키코 손실을 메우려 공장을 팔고 구조조정을 하는 사이 은행은 나의 신용도를 떨어뜨리고 무역금융까지 막아 놨다. 백방으로 뛰어다녀도 내가 할 수 있는 일이 아무것도 없었다. 은행이 설마 기업을 죽이겠느냐고 생각했던 내가 얼마나 한심스러웠는지 모른다. 은행이 기업에 휘두르는 절대적인 권한과 힘은 갑·을이라는 계약 관계만도 못하다. 기업과 개인은 은행이라는 거대 금융 권력의 먹잇감에 불과했다. 은행은 기업을 위기에 빠뜨릴 약탈적 금융 상품을 만들어 놓고도 뻔뻔하게 이자를 받아먹으면서, 그 기업의 신용도를 평가하고 최소한의 생존에 필요한 돈줄마저 틀어막아 자신들의 뱃속을 불리는 집단이었다.

여전히 은행과 기업이 불가분의 관계에 있다고 생각하는 사람이 많다. 은행을 준공무원에 준하는 집단으로 여기고 신뢰하는 사람도 아직 있을 것이다. 나처럼 당하기 전에 얼른 그 생각을 바꾸기 바란다. 은행과 기업은 불가분의 관계가 아니고 은행이 준공무원 수준의 신뢰를 받을 만한 집단도 아니다.

은행이 기업 위에서 어떻게 군림하는지는 금융 사고가 터지면 보인다. 금융 사고가 났을 때 기업은 망해도 은행은 절대 망하지 않는다. 기업이 어려워져 워크아웃이나 법정 관리에 들어가면 은행이 기업의 자산을 제일 먼저 처분한 다음, 회수할 수 있다. 애초에 은행이 기업에 대출해줄 때 담보를 잡기 때문에 그렇다. 담보 비중이 매우 크기 때문에 그 담보만 처분해도 은행은 손해 볼 게 하나도 없다. 담보가 많으면 많은 만큼 대출을 해줬을 것이니 손해를 볼 수가 없다.

법정 관리는 또 어떤가? 기업이 법정 관리에 들어서면 출자전환을 시켜 은행이 권리를 갖고 인수·합병(이하 'M&A')을 시킬 수 있다. 은행은 자신들이 일으킨 M&A 시장을 통해 훨씬 더 큰 부가 이익, 즉 매각 차익을 볼 수 있다는 말이다. 실제로 은행은 키코 기업들을 대상으로 그렇게 했다. 금융 사고가 나면 금융은 비대해지고 기업들은 왜소해지는 구조가 이미 짜여 있던 것이다.

그리고 또 하나, 설령 기업이 살아남았다 해도 기업가는 죽는다. 이름만 들어도 무시무시한 연대 보증제도 때문이다. 연대 보증은 세계에서 우리나라에만 있는 후진적 제도다. 우리와 비슷한 연대 보증제도를 갖고 있다가 전면 폐지한 미국의 경우 연대 보증을 금융업에 대한 과도한 보호로 보고 금융사의 투자 및 대출 회수 실패의 책임을 금융사에 부담하도록 했다. 그 결과, 미국의 금융사는 철저한 분석 및 리스크 관리에 대한 역량이 향상되었다. 그러나 여전히 연대 보증제도가 살아 있는 우리나라는 사업에 대한 모든 책임을 경영진에게 지운다. 금융권의 대출 부실 심사에 대한 책임까지 연대 보증을 통해 기업가가 떠맡은 꼴이다. 법인기업이 파산해도 경영자 개인과 지인, 가족 등에게서 연대 보증 채무가 면제되지 않으니 가족 모두가 죽어날 수밖에 없다.

키코 사태를 겪으며 나는 이 불공정하고 불합리한 기업과 금융 간의 관계에 강한 문제의식을 느끼게 됐다. 손실액을 갚고 계약 기간까지만 버티면 끝날 줄 알았던 키코와의 전쟁이 워크아웃과 법정관리로 이어지면서 전선이 점점 확장되고 길어지고 있던 탓이었다. 그만큼 내가 싸워야 할 대상도 많아졌다. 돈과 씨름하던 수준에서 시작된 전쟁이 은행의 횡포와 부도덕함에 맞서는 양상으로 변화됐고 은행의 갑질을 방기하는 국가 시스템과 부딪히게 됐으며 사건의 배후를 조종해 부당한 이익을 얻는 부패 세력과의 싸움으로 번져나갔다. 키코 사태는 이 부패의 카르텔이 성실한 기업을 약탈한 것과 다름없는 사건이었다. 우리나라 적폐들을 총천연색으로 다 보게 된 이상 나는 가만히 당하고 있을 수 없었다.

▶ 금감원 분조위 결정 이후 개최한 키코 공대위 총회 | 2019년 12월

# 05

## 짝퉁 코막의
등장

긴 병에 효자 없다. 키코 사태가 장기화하면서 회사 내부적으로도 엄청난 홍역을 앓아야 했다.

회사 경영이 악화했을 때 구성원들이 오너에 거는 기대가 있다. 바이어를 만나러 다니고 돈을 빌려오는, 이런 모습을 보여줘야 직원들이 믿음을 갖고 안정을 찾는다. 나 역시 회사가 넘어가는 것만은 막으려고 개인 자산을 죄다 매각하고 돈을 구하느라 여기저기 뛰어다녔다. 그리고 한편으로는 키코 사태를 범사회적으로 해결할 필요를 느껴 메가폰을 들고 거리로 나서는 시간도 많았다. 키코 공대위 등 내가 대표하는 일도 많았기 때문에 다른 피해 기업 오너들이 거리에서 보낸 시간보다 월등히 많았을 것이다. 키코 사태가 몰고 온 파장은 당장 내 회사만 살린다고 해서 해결될 문제는 아니었다. 나는 키코로 인해 보게 된 우리나라 적폐 세력에 눈감아줄 생각이 조금도 없었다. 그들과 싸워야 했다.

안타깝게도 적은 내부에도 있었다. 2010년, 내가 키코 공대위 수석부위원장을 맡아 금감원, 국회, 법원 등지로 뛰어다닐 때 회사 영업부장이 코막중공업의 기술은 물론 영업 정보 등이 담긴 자료를 들고 경쟁사로 넘어간 일이 발생했다. 그 영업부장의 손에 의해 회사의 모든 파일이 유출되었다 해도 과언이 아니었다. 자료의 양만 135기가바이트가 넘는 수준이었다. 영업부장이 유출해간 기술로 경쟁사에서 코막중공업의 복제품을 만들었고 우리의 해외 영업망과 법인에까지 손을 대며 회사를 초토화했다. 당시 키코 피해에 더해 100억 원이 넘는 기술과 영업망 유출 피해를 받았고 이때의 기술 유출로 인한 피해가 결국 코막중공업이 법정 관리에 들어서게 된 직접적인 원인이 되었다.

가슴이 아팠다. 내가 거리로 나가 메가폰을 잡고 외치던 구호가 바로 공정, 정의, 상생이었다. 사회의 적폐구조를 바꿔보겠다고, 금융이라는 거대한 공룡과 싸워보겠다고 나섰는데 정작 내 회사에서 기회주의와 천민자본주의의 싹이 자라고 있었다. 많은 동료와 함께 몸담았던 회사를 존폐의 기로로 몰아세우면서까지 그 영업부장이 얻으려 했던 것이 결국 돈이라는 사실에 씁쓸했다. 임직원들의 신뢰를 최우선으로 여기며 회사를 이끌어 왔던 지난 세월이 무상했다. 그 영업부장이 저지른 기술 유출로 회사가 입은 피해가 막심하고 나를 비롯해 회사에 남아 있는 직원들의 가슴에 난 상처가 깊었지만 그렇다고 마냥 그 영업부장을 원망하고 탓할 일만은 아니었다. 그 영업부장이 뒤로 믿는 구석이 무엇인지 알만했기 때문이다.

사실 코막중공업의 기술 유출 사건은 2010년이 처음은 아니었다. 그보다 3년 전인 2007년에 이미 겪었다. 문제는 그때의 사건 처리방식에서 잘못된 시그널이 회사에 남겨진 것이다. 이름만 대면 다 아는 국내 최대의 로펌, 이들이 그 오인을 생산한 발원지였다.

2007년 내부 직원에 의해 유출된 기술 정보는 구형버전이었기에 크게 신경 쓸 정도는 아니었다. 하지만 이 사건을 계기로 기술 유출이 확산할 것 같아 걱정스러웠다. 또한 아무리 구형 기술이라고 해도 많은 인력과 시간이 투입됐음은 물론, 실패 비용을 포함해 수십억 원이 들어간 기술이었기에 절대적으로 지켜내고 싶었다. 그래서 부정 경쟁 방지법으로 소송을 제기했다. 회사 내부에 경종도 울리고 재발도 막을 생각이었다. 나는 소송을 제기하면 어긋나고 잘못된 일이 바로잡힐 줄 알았다. 그러나 대형 로펌이 상대의 변호를 맡더니 사건이 내 예상과는 전혀 다르게 흘러가기 시작했다.

이 사건을 그들이 맡는 것도 의아했지만 더욱 놀라웠던 것은 당시 상대편이 지불한 소송 계약금이 무려 2억 원이었고 총수임비가 6억 원이라는 얘기였다. 이 엄두가 안 나는 돈을 주고 왜 대형 로펌의 변호사를 고용했는지 그 당시에는 도저히 이해할 수가 없었다. 하지만 곧 그 진가가 발휘되기 시작했다. 상대가 6억 원을 들어 선임한 변호사는 대단했다. 기술 유출에 대한 벌금은 1,000만 원으로 낮춰 놓고 부정 경쟁 방지 소송을 특허 무효 소송으로 끌고 가버렸다. 그들은 결국 대전특허법원에서 코막중공업의 특허 하나를 무효화시켰다. 그렇게 나는 기술 유출 피해를 막아보려 소송을 제기했다가 앉은자리에서 특허 하나를 잃어버렸다. 1,000만 원이라는 벌금 역시 유출된 기술 정보의 가치에 비해 터무니없는 처벌이었다.

납득할 수 없는 결과였지만 당시 키코 사태가 막 터져 정신없는 와중이었기에 기술 유출 사건에 쓸 기력과 시간이 여의치 않았다. 결국 나는 키코라는 더 큰 사건을 해결하는 것이 우선이라는 생각에 기술 유출에 대한 대응을 더 하지 않기로 했다. 하지만 그때의 미진했던 대응이 더 큰 피해를 불러올 시그널이 될 줄은 몰랐다. 대형 로펌이 부정 경쟁 방지 소송을 축소 및 은폐하여 1,000만 원의 벌금과 특허 무효라는 판결을 얻어 낸 덕분에 회사의 기술을 훔쳐 가도 대형 로펌에 맡기면 일을 무마해줄 것이라는 잘못된 인식이 몇몇 직원에게 심어진 것이다. 결국 2007년 사건과는 비교할 수 없는 정도의 스케일로 영업부장이었던 자가 내부 및 영업 정보 등을 빼서 경쟁사로 이직하는 사건이 발생하고 만 것이다. 그 영업부장이 유출한 정보는 코막중공업의 모든 것이 담겼다 해도 과언이 아닐 만큼 양으로 보나 질로 보나 방대하고 수준 또한 높았다.

예감이 좋지 않았다. 아니나 다를까? 그 영업부장이 유출한 정보를 들고 옮겨간 경쟁사에서 코막중공업의 복제품을 만들어 시장에 내다 팔기 시작했다. 우리 해외 거래처에 손까지 대가며 말이다. 이때의 기술 유출 사건으로 코막중공업이 본 피해액은 100억 원이 넘었다. 키코 사태를 수습하느라 곤경을 겪고 있던 와중에 100억 원이 넘는 피해는 감당할 수 있는 수준이 아니었다. 키코에 더해 기술유출로 한 방 제대로 얻어맞은 코막중공업은 결국 법정 관리 수순을 밟을 수밖에 없었다.

2007년 있었던 기술 유출 사건이 여전히 뼈아프게 남아 있었고 회사에 끼친 피해 역시 막대했기에 이번만큼은 절대 그냥 넘어갈 수 없었다. 나는 즉각적인 법정 대응을 시작했다. 이번에도 상대의 법률 대리인은 대형 로펌이었다. 법정에서 만난 상대의 변호사는 나의 키코 공대위 활동을 들먹이며 회사의 경영은 돌보지 않고 기업 대표들을 선동해 시위를 하고 다니는 주동자로 몰아세웠다. 그들에게는 부정한 금융 권력에 대한 저항도, 몇백억을 들여 개발한 기술과 20년 가까이 키워온 브랜드 가치도 자신들이 챙길 수임료 몇 푼보다 못했다. 대형 로펌의 등판은 사법부의 태도에도 영향을 미쳤다. 보통 이와 비슷한 사건의 경우 6개월 안에 고등법원에서 판결하는 것이 일반적인데 이 사건은 알 수 없는 이유로 2심 재판이 수원법원에 걸려있다가 그대로 멈춰진 채로 5년을 흘려보냈다.

고등법원 판결이 대책 없이 늘어지는 사이 기막힌 일이 계속해서 벌어졌다. 급기야 '코막'의 라벨을 붙여 제품을 파는 업체가 생긴 것이다. 말 그대로 '짝퉁' 코막의 등장이었다. 나는 발견 즉시 문제 해결을 위해 관련업체와 만남을 가졌으나 소용없었다. 그들은 코막중공업을 도산시킬 태세였다. 이번에도 어쩔 수 없이 고소했다. 그 행태가 차마 눈 뜨고 봐줄 수 없는 수준이었다.

자본주의사회에서 같은 분야의 기업끼리 경쟁하는 것은 당연하다. 기업 간 경쟁은 기술의 발전을 도모시킬 뿐 아니라 더 나은 제품을 합리적인 가격으로 생산하게 한다. 그리고 이는 소비자의 삶이 풍요로워지는 결과를 낳는다. 한마디로 경쟁이 꼭 나쁜 게 아니라는 얘기다. 다만 반드시 지켜야 할 것이 바로 '공정'이다. 공정한 경쟁을 할 때만 이런 선순환의 고리가 이어진다. 그래서 사업을 하려는 사람은 자기만의 기술과 브랜드가 있어야 한다. 자기 경쟁력이 없는 사람들이 남의 것을 베끼거나 약탈해서 공정 경쟁의 룰을 흐리기 때문이다.

짝통 코막의 판매는 공정 경쟁의 룰을 깨뜨리는 전형적인 사례이자 범죄였다. 그들이 코막중공업이라는 이름을 그대로 갖다 쓰면서 제품은 저가로 팔아치우는 통에 내막을 모르는 해외 고객들 사이에서 그동안 쌓아온 코막중공업의 브랜드 이미지가 엉망이 됐다. 그러나 그들은 이런 식의 질 낮은 수준의 사업을 부끄러워하기는커녕 범죄에 대한 두려움도 없어 보였다. 그렇지 않고서야 검찰 조사가 진행 중인 가운데 짝통 코막 제품을 버젓이 내다 팔 수는 없는 노릇이다. 역시 그들도 믿는 구석이 있었다. 그들의 법률 대리인, 이번에도 같은 대형 로펌이었다.

이쯤이면 내가 우리나라 대형 로펌에 학을 떼는 이유를 알 것이다. 2009년부터 무려 9년에 걸쳐 그 대형 로펌은 주자를 바꿔가며 나와 코막중공업을 괴롭혔다. 돈을 위해서라면 정의에 눈 감고 법 지식을 돈벌이 수단으로 팔아먹는 대형 로펌의 그늘이 있었기에 상대들이 저리 당당할 수 있었다. 나는 자신이 흘린 땀에 대한 정당한 보상 시스템을 자본주의의 힘이라고 생각한다. 그런데 내가 살고 있는 자본주의사회는 돈만 주면 다 된다는 천박한 인식과 한탕주의적 약탈 근성을 가진 이들의 천국이었다. 정의 실현을 사명으로 가져야 하는 법조인들마저 예외는 아니었다. 나는 짝통 코막의 등장으로 우리 사회가 도덕과 정의에 대한 감수성이 얼마나 떨어져 있는지 다시 한 번 실감하게 됐다.

키코 사태로 시작된 이 모든 사건으로 인해 고통이 정말 크다. 지금 나와 같은 어려움을 겪는 키코 피해 기업이 많다. 건실했던 회사가 키코 폭탄을 맞아 조직이 와해되고 기술이 유출되는 등의 각양각색의 사연을 저마다 갖고 있다. 키코 소송에 더해 또 다른 적폐 세력들과 싸워야 하는 입장인 것이다. 그 시름과 피로가 어느 정도인지 말로 다 못한다.

우리나라에서 개발자가 가지고 있는 지적재산권은 언제든지 거액의 법무 비용만 지불하면 기술 사냥꾼의 먹잇감이 될 수 있기 때문에 힘들여 개발하고 지킬 이유가 없음을 대형 로펌에 의해 깨달은 후, 나는 스스로 수십 개의 특허 유지를 포기했다. 그 대형 로펌이 어디인지를 밝히지 않는 이유는 기술 사냥꾼들이 돈 싸 들고 그들에게 몰려가 사건을 맡겨 그들의 배만 채워줄 것을 우려하기 때문이다. 내 눈에는 기업 사냥꾼이나 기술 사냥꾼 모두 그놈이 그놈이다.

또한 변수에 의해 사업이 어려워질 경우 가족까지 도탄에 빠뜨릴 수 있는 신기술 개발 사업 올인이 얼마나 위험천만한 일인지를 깨달았고 나의 강력한 도전 신념이 때로는 큰 실패를 불러올 수 있다는 것도 자각하는 계기가 됐다. 나는 그런 사회적 경험으로 인해 거액을 투자하는 신기술 개발은 꿈에서도 생각하지 않기로 했다.

# 06

# 가슴 아픈 그곳,
## 밀양교도소

밀양교도소에 다니기 시작한 지가 벌써 몇 해가 됐다. 스무 번이나 오갔던 길이지만 아무리 다녀도 마음이 좀처럼 가벼워지지 않는다. 그 안에 수감된 사람과 사연이 너무나 기가 막혀서 더 그런 것 같다. 그곳에 여든을 훌쩍 넘긴 한 기업의 회장이 영어(囹圄)의 몸으로 있었다. 일성의 장세일 회장이 바로 그다.

일성은 울산에 기반을 둔 향토기업으로 석유·화학플랜트분야의 수출 주도형 중견기업이었다. 1984년에 설립된 역사 깊은 기업으로 키코 사태 이전에는 임직원 1,200여 명에다 연매출이 3,000억 원에 달할 정도로 건실한 회사였다.

1999년 6월에 산업통산자원부로부터 이달의 무역인상을 수여받은 후, 나는 무역협회에 출입하는 일이 잦아졌다. 당시 무역협회장을 동원그룹의 김재철 회장께서 맡고 계셨는데 어느 날 전화를 주셨다. 러시아 시장 개척을 하고 싶으면 따라나서라는 것이었다. 내가 이렇게 큰 기회를 놓칠 리가 있겠는가! 이때 일성의 장세일 회장을 알게 됐다.

내가 이제 막 시작된 회사의 명함을 들고 시장 개척차 러시아를 찾았을 때 장세일 회장은 인생 선배이자 경영 선배의 연륜을 물씬 풍기며 나에게 이런저런 조언을 아끼지 않았다. 그 덕분에 경영상 시행착오를 많이 줄일 수 있었음은 물론이다. 그 후 나는 장세일 회장을 롤모델로 삼고 존경했다. 장세일 회장은 나의 존경이 무색하지 않게 기업을 건실하게 경영을 해갔다. 2009년 올해의 무역인상 주인공이 되었고 연매출 1조 원을 목표 삼아 5년 계획에 박차를 가하던 중이었다. 그랬던 장세일 회장이 교도소에서 고단한 노년을 보내고 있는 것이다. 그의 사연은 이렇다.

일성은 2007년과 2008년에 2억 1,150만 달러에 해당하는 키코 상품에 가입한다. 이후 원·달러 환율이 크게 상승하자 단 2년 만에 1,000억 원에 달하는 손실을 입었다. 이 타격으로 경영 위기가 발생했고 대외 신인도가 하락하면서 해외 수주에 차질이 생겼다. 부도만은 막아보려고 울며 겨자 먹기 식으로 국내 대기업의 저가 발주 공사를 수행했다. 키코로 금융권 자금 조달이 어려운 상황에서 회사의 잠재력을 눈여겨보던 외부 투자회사로부터 500억 원의 투자를 받았지만 저가 수주에다 키코로 인한 손실이 워낙 컸기에 수익성은 악화하기만 했다. 결국 일성은 법정 관리에 들어서게 된다. 장

회장의 시련은 거기서 끝이 아니었다. 투자회사의 고소가 이어진 것이다. 투자회사는 경영상 귀책사유를 들어 사기 혐의로 장세일 회장에 대한 고소를 제기했고 항소심 끝에 4년 형을 선고받고 수감 생활을 하게 됐다.

키코 피해로 인해 기업의 오너가 구속된 사례가 일성에만 국한된 것은 아니다. 경영자의 법정 구속을 피했다고 해도 경영권이 은행에 넘어가거나 몇백억의 빚더미에 앉은 기업도 많았다. 코스닥 상장기업이었던 태산LCD는 국내 LCD 부품업체 빅 3 중 하나였다. 그러나 키코 등의 파생 상품 계약으로 흑자 도산에 이르렀고 은행의 출자 전환 덕에 극적으로 회생했지만 경영권은 은행으로 넘어갔다. 태산LCD가 입은 손해는 1조 원에 다다른다. 오토바이 헬멧을 수출하던 홍진크라운은 외형이 1,000억 원이 넘는 우량기업이었다. 그러나 이 기업도 키코 쓰나미를 피하지 못했다. 3개 은행과 맺은 키코 계약으로 800억 원의 손실을 입었다. 키코 가입 전에는 부채 비율이 15% 미만이었던 회사가 435억 원의 은행 빚더미에 올라앉았다.

키코는 안정적인 재무구조를 갖고 있고 미래 성장성이 확실했던 우량한 중소기업들을 이렇게 망가뜨렸다. 국회 기획재정부 소속 김광림 당시 한나라당 의원이 2009년 9월에 발표한 자료에 의하면, 키코 피해 중소기업 수는 총 471개, 피해액은 2조 4,000억 원으로 집계됐다. 그러나 2010년 금감원 발표에 따르면, 키코 사태로 인한 기업들의 피해는 738개사, 3조 2,247억 원으로 늘어났다. 피해 기업의 수와 피해액이 중구난방인 이유가 있다. 다들 가해자인 은행이 자체적으로 집계한 것을 자료로 썼기 때문이다. 은행 입장에서는 기업들의 피해를 축소 집계하는 것이 부담이 덜했을 것이다. 키코 피해 당사자들이 모인 키코 공대위는 실제 피해업체가 1,000개에 육박하고 피해 금액도 20조 원이 넘을 것으로 내다봤다. 2008년 키코 공대위에 모인 242개 기업의 피해액만 2조 2,000억 원이 넘었고 키코 피해가 있었음에도 대외 신인도가 하락할 것 같아 피해 사실을 숨기는 기업도 많았기 때문이다. 사태는 눈덩이처럼 불어나고 있는데 정확한 피해 실태 조사조차 제대로 이뤄지지 않았다.

금융 상품 하나가 몰고 온 파장이 이 정도라니 믿어지는가? 20조 원에 육박하는 피해 금액은 피해 기업들만의 자산이 아니다. 국가 경제를 든든히 받치던 허리였고 32만 명의 근로자를 먹여 살리던 경제였다.

키코에 가입했던 기업의 피해액을 집계해 보면 왜 은행들이 유독 우량기업들을 찾아가 적극적으로 영업했는지 알만하다. 먹잇감의 덩치가 커야 배불리 먹을 수 있으니 그랬을 것이다.

2012년 당시 민주통합당 민병두 의원실이 발표한 자료에 따르면, 700여 개의 키코 계약 업체들의 최하 신용등급이 A일 정도로 모두 초우량 중소기업이었다고 한다. 은행들은 자신들이 만들어 낸 금융 상품으로 중소기업의 자산을 약탈해가고 그 실적에 축배를 들었을지 모르나 그들이 줄도산시킨 키코 피해 기업들은 단지 돈으로만 환산할 수 있는 사회계층이 아니었다. 그들이 사라진다는 것은 대기업과 중소기업 사이의 사다리가 사라진다는 것이었다. 그리고 수많은 근로자가 뿔뿔이 흩어졌으며 그로 인해 우리 사회의 양극화 속도가 더욱 가팔라졌다.

사회가 양극단으로 치달아가면 갈수록 당연히 공동체 의식은 사라질 것이고 그만큼 사람들의 삶은 팍팍해질 수밖에 없다. 그래서 생각한 것이 '시스템'의 문제다. 무조건 사람 탓을 할 수만은 없다는 것이다. 단순히 키코 사태를 키코 상품을 판매한 은행원 개인의 잘못으로 몰고 갈 수 없고, 기술 유출 사건의 경우 기술을 유출한 개인의 도덕성을 탓하고 끝낼 일은 아니라고 생각했다. 나만 살고 보자는 극단 이기주의 이면에는 부정을 확대하고 재생산하는 사회구조가 있다. 돈만 주면 범죄행위도 무마시켜주는 시스템이 없었다면 개인의 도덕적 일탈이 이토록 빈번히 일어날 수 있을까? 아니라고 생각한다. 그래서 나는 이런 일에 연루된 대형 로펌이, 금융 권력이, 사법 권력이 더 나쁘다고 생각한다. 사회구조를 만들 수 있는 층위에 있으면서 사회적 책임이 막중한 자들이 오히려 자신들의 돈과 권력을 이용해 더 많은 돈을 벌고 더 많은 권력을 잡는 사회적 폐단을 만들고 있기 때문이다. 사회의 리더계층이라 할 수 있는 집단이 이런 수준을 보이니 가뜩이나 생활이 팍팍한 소시민들이 청렴하고 정의롭게 사는 것이 이익이라는 생각을 하고 살 수 있을까 싶다.

나는 우리 후배 세대, 자녀 세대들에게 이와 같은 사회를 물려주고 싶지 않았다. 그래서 행동하기 시작했다. 거대 권력과 맞서 싸우고 사회 곳곳에 쌓인 적폐를 청산하려는 시도가 무모해 보일지라도 개혁에 앞장서기로 했다.

# 2장

# 피해자만 있는 키코 사태

나는 키코 사태를 계기로 이 비정상적인 사회 흐름을 바꾸는 데 나 자신을 헌신하기로 했다. 우리 사회를 바꿨던 (6월 민주항쟁이 있었던) 87년 그때처럼 정의의 피를 뜨겁게 태우기로 한 것이다.

군부 독재를 타도했더니 이제는 금융 독재가 세상을 지배하고 있었다. 정치, 법률, 사회, 문화까지 금융 권력이 손을 뻗지 않은 곳이 없었다. 할 일이 많았다. 무너진 코막줌공업을 재건하는 것과 관련해 실리의 피를 태우면서 부패 기득권에게 한정 없이 기울어진 사회 시스템을 바로 세우는 데 정의의 피를 뜨겁게 태워야만 했다.

# 금융의 배신,
## 분노 대신 행동하라

나는 키코 사태를 이렇게 얘기한다. 키코는 거대 금융 권력인 은행이 건실한 수출기업을 상대로 한 '금융 사기'다.

은행이 기업을 상대로 사기를 친다는 게 믿기지 않을 것이다. 나 역시 당하기 전에는 상상조차 하지 않았다. 나는 그전까지만 해도 은행과 기업은 신뢰를 바탕으로 한 공생관계에 있다고 생각했다. 지금 돌이켜 보면 너무나 순진한 생각이었다. 일찍이 사회에 뛰어들어 수출기업의 오너가 되기까지 내 나름대로 우리 사회를 안다면 알고, 겪을 만큼 겪었다고 생각했는데 내가 알고 있던 것은 태산 명동(鳴動)에 서일필(鼠一匹) 수준도 안 되었다('태산 명동에 서일필'은 태산이 울리도록 야단법석을 떨었는데 결과는 생쥐 한 마리가 튀어나왔다는 뜻으로 아주 야단스러운 소문에 비해 결과는 별것 아닌 것을 비유적으로 이르는 말).

키코 사태를 계기로 보게 된 대한민국은 그야말로 갑에 의한, 갑을 위한, 갑의 나라였다. 재벌, 거대 금융, 대형 로펌, 중앙 언론, 부패한 기득권 관료들이 바로 그들이다. 힘없는 서민들은 대한민국 슈퍼 갑들이 자기들의 이익과 구미에 맞게 깔아 놓은 지뢰밭을 지뢰밭인 줄도 모르고 걸어가야 하는 처지에 놓여 있는 것이다.

나는 키코 사태를 겪으며 보게 된 대한민국의 민낯을 적나라하게 알려야 한다고 생각했다. 단순히 내가 당했기 때문이 아니다. 2003년 신용카드 대란, 2007년 펀드 불완전 판매, 2008년 키코 사태, 2010년 저축은행 사태, 2011년 LIG건설 기업어음(CP) 사태, 2013년 동양그룹 CP 사태, 2014년 ELS 사건, 그리고 2019년 제2의 키코 사태인 DLS 사태, 라임자산운용 사태 등 2000년대 들어서 터진 굵직한 금융 사건만 나열해도 이 정도다. 그사이 우리 사회는 어떻게 되었는가? 가계 부채는 1,500조 원이 넘었고 헬조선, 청년 실업, 비정규직, 하우스푸어, 대부업 활성, 신용불량자, 중산층 몰락 등등 우리 사회의 현실을 반영한 비극적인 지표와 키워드가 쏟아져 나왔다. 지금 나열한 금융 사고, 비극적인 키워드와 상관없는 삶을 살아가고 있는 국민이 몇이나 될까 모르겠다. 이 정도면 국민 대부분이 피해자라고 해도 될 정도다. 다만 지금까지 우리가 피해자인지 모르고 살았을 뿐이다.

위험한 재테크, 무리한 대출, 도덕적 해이, 투기성 거래…. 언제부턴가 익숙해진 뉴스 헤드라인은 늘 개인을 겨냥하고 있다. 마치 개인의 욕심과 방만함이 원인인 것처럼 사안을 다루고 있다. 국민 대다수가 빚과 빈곤의 고통 속에서 살게 된 것이 과연 국민 개개인의 잘못일까? 나는 아니라고 생각한다. 이 사회의 비극은 거대 금융의 탐욕스러운 시스템과 정부의 허술한 규제와 관리 감독, 그리고 이를 묵인하고 개인의 잘못인 것으로 편향 보도한 언론사들의 잘못에서 기인한다.

금융은 기본적으로 한쪽이 자산을 증식하면 다른 한쪽은 돈을 까먹게 되는 제로섬 게임의 한계를 지닌다. 그러나 금융권은 마치 모두가 부자가 될 수 있을 거라는 환상을 심어주며 재테크 상품을 쏟아내고 서민들의 내 집 마련 꿈을 이용해 대출이라는 빚을 끊임없이 권한다. 그러다 일이 잘못되면? 위험한 재테크, 무리한 대출, 도덕적 해이, 투기성 부동산 거래를 한 개인의 잘못으로 몰고 가면 그만이다. 예측 불가능한 리스크를 감당하지 못한 개개인의 잘못일 뿐, 고객의 손해가 확실한 재테크를 판매하고 무리하게 대출을 해준 금융권은 아무런 책임을 지지 않는다. 금융 규제와 감독의 사각지대를 만들어 놓고도 여전히 무책임한 정부 당국과 편향 보도를 일삼는 언론 역시 서민들의 고통에 대해 책임지지 않는다.

키코 사태로 인해 우리 사회의 적폐구조를 알게 됐을 때 나는 국가와 금융에 대한 배신감에 치를 떨었다. 그리고 분노했다. 그러다 분노가 최선이 아니라는 사실을 알게 됐다. 분노도 신뢰를 전제로 하다 깨졌을 때 나타나는 감정적 행위였다. 내게는 이미 그 신뢰 자체가 사라졌기 때문에 분노할 필요도 없었다. 대신 나는 행동하기로 했다. 국가가 국민의 재산을 보호할 것이라는 바보 같은 생각은 접어두고 금융이 기업과 공생관계라는 순진한 생각도 집어치우고 키코 사태로 어려움에 빠진 기업 오너들과 함께 각자도생의 길을 찾기로 했다. 그게 바로 키코 피해 기업 공동대책위원회의 시작이었다. 우리는 국가 경제의 허리를 도맡다시피 한 수출 중소기업을 줄도산시키고도 책임을 회피하기 바쁜 부도덕한 적폐 세력과의 일전을 선포했다. 혹자는 우리의 싸움을 두고 다윗과 골리앗의 싸움이라고 했다. 제대로 봤다. 다윗의 손에 쥐어진 짱돌처럼 우리 가슴에도 단단한 짱돌 하나씩 품고 있었다. 오직 가슴에 박힌 짱돌, 금융의 탐욕을 우리의 손으로 멈춰 세우리라는 짱돌과 같은 단단한 신념 하나만 믿고 거리로 나섰다. 우리에겐 물러설 곳도, 물러설 생각도 없었다.

나는 다시 거리 위로 나섰다. 대학을 다니던 1987년 이후로는 기업에서 평생을 살 줄 알았지 다시금 거리의 투사가 될 줄은 나조차도 생각하지 못했다. 키코 공대위를 시작으로 이제는 금융정의연대가 된 금융소비자협회, 그리고 한국기업회생지원협회와 한국재도전연합회를 창립하기까지 많은 시간을 거리로 나가 메가폰을 들고 뛰어다녔다. 탐욕스러운 금융 자본을 규제하고 불공정한 경제구조를 개혁하기 위해서였다.

이제는 87년 체제가 반쪽짜리 민주주의였다는 것을 인정해야만

한다. 87년 6월 민주항쟁은 정치민주주의 그 이상을 가져오지 못했다. 자본주의사회를 떠받치는 중요한 한 축인 경제분야는 아직도 대기업 중심으로 판을 짜던 구시대의 모델 그대로 답보상태다. 소수 기업에 국가 역량을 집중해 재벌 대기업집단을 탄생시킨 한강의 기적이 여전히 우리 경제에 그 낡은 그림자를 드리우고 있는 상황이라고 할 수 있다. 한강의 기적이 탄생시킨 대기업이 고도의 경제성장을 견인하는 사이 정경유착의 어두운 고리가 생겼고 대기업에 쏠린 부의 편중으로 중소기업과의 격차는 점점 벌어져 사회 양극화를 양산하고 있다. 그나마 그 사이를 잇던 우량 중소기업들은 약탈금융에 의해 대거 사라지고 말았다. 그런데도 이 구조로 재미를 본 기득권 세력은 자신이 가진 부와 권력을 놓지 않으려고 더욱 움켜쥐기만 한다. 2대를 넘어 3대까지 내려온 세습 재벌과 끊임없이 터지는 정경유착이 그 증거라면 증거이다.

4차 산업혁명이 화두가 된 이 시대에 산업화 시대에서나 쓰던 경제구조를 써먹고 있으니 전 세계를 강타했던 신자유주의 광풍에 우리 경제가 제대로 버텨낼 재간이 있겠는가? 당연히 뒤집어질 수밖에 없다. 그런데 그 피해를 힘없는 서민이 입는다는 게 문제다. 소득격차는 점점 심해지고, 중산층은 붕괴되고, 일자리는 줄어들고, 실업률은 증가하고, 출산율은 저하되는데 고령층은 점점 늘어나는 말 그대로 양극단의 사회에 내몰리게 된 것이다. 중소기업도 마찬가지다. 국가 자원과 역량이 집중되는 대기업은 점점 비대해지는 반면, 중소기업은 대기업의 하청업체 수준으로 전락하고 대기업이라는 갑의 횡포에 휘둘리게 됐다. 그렇지 않으면 경영인과 구성인이 피땀 흘려 개발한 기술로 우량 중소기업을 만들어 놓았더니 약탈적 금융 상품을 미끼로 거대 금융 자본이 기업을 통째로 집어삼키는 일이 생겨나니 과연 우리 경제에 미래가 있는 건지 심히 우려되는 상황이다.

경제 민주화 바람은 갑자기 생겨난 토네이도 같은 것이 아니다. 87년 우리가 놓쳤던 경제 민주화의 기회가 불공정한 세월의 덮개에 짓눌리다 못해 터져 나오기 시작한 것이고, 서브 프라임 모기지 사태로 신자유주의 폐단을 절절히 겪은 미국발 금융위기가 나비효과가 되어 대한민국의 경제 위기를 몰고 왔기에 유일한 대안책으로 부상한 것이다. 이러다가는 다 죽는다. 키코 사태를 겪어보니 더욱 절박해졌다. 대한민국에서 사는 한, 나만 다시 재기한다고 잘 먹고 잘 살아질 일이 아닌 것이다.

우리는 지금 소수 재벌기업의 사익 추구와 정치권의 무관심 속에서 경제 민주화의 골든 타임을 까먹고 있다. 87년 민주항쟁처럼 경제 민주화의 도입을 위해 누구든지 거리로 나서야 한다. 분배를 실현하는 공유 경제, 동반 성장, 탐욕스러운 금융 자본 규제, 대기업과 중소기업 간의 공정 거래를 외치며 경제 민주화의 페달을 함께 밟아야 한다.

'경제 민주화! 금융 독재 타도!'

이 거역할 수 없는 시대의 구호를 받아들이고 공정사회로 가는 중에 방해하는 세력이 있다면 과감히 심판하는 세상을 만들어야 한다. 그때쯤에는 교도소의 주인도 바뀌어 있을 것이다. 한평생 기업을 일궈온 창업주가 아니라 정경유착의 주인공들, 탐욕하고 불공정한 경제구조를 이용해 사익을 추구한 부패 세력들로 말이다.

▶ 키코 피해 기업인들이 집회에 참석해 키코 관련 법관 탄핵을 요구하는 모습 | 2018년 8월

내가
# 환투기꾼이라고?

키코 공대위는 총 242개 피해 기업이 모인 것을 시작으로 해서 2008년 10월에 설립했다. 키코 사태로 우량 중소기업이 줄도산하고 있는데 이렇다 할 도움의 손길을 내미는 곳도, 내밀 곳도 없었다. 적어도 어쩌다 이 지경이 됐는지 그 과정이라도 알고 싶었다.

피해 규모가 워낙 크다 보니 개인 혼자 뛰어다녀서는 진실 규명의 발끝도 못 따라갈 것 같았다. 게다가 상대는 대형 은행이었다. 판매에 부적합한 금융 상품을 만들어 불완전 판매를 한 그들에게 책임을 물어야 했다. 같은 뜻을 가진 피해 기업인들이 자발적으로 모이다 보니 242개 기업이 함께하게 됐다.

나는 2010년에 2기 키코 공대위를 결성하고 수석 부위원장을 맡아 활동의 맨 앞자리에 섰다. 시민들에게 키코의 폐해를 알리고, 언론을 상대하고, 시위를 조직하고, 금융 당국을 찾아가 대응책을 마런하는 것 등이 내 주요 역할이었다. 하루가 멀다 하고 쓰러지는 기업들을 살리기 위해 백방으로 뛰어다니는 일도 도맡았다.

우리나라에서 기업을 하려면 시끄러운 일은 만들지도 말고 그 근처에 가지도 말아야 한다. 괜히 눈에 띄어 타깃이 되면 세무 조사가 들어오고 신변이 피곤해지며 주변 사람들의 눈총도 받는다. 키코 공대위가 활발히 활동할수록 좋든, 안 좋든 많은 시선이 내게 쏠렸다. 그렇다고 가만히 있을 수는 없었다. 나는 이 사건의 제3자가 아닌 피해 당사자였다. 언론에 노출되고 여론의 뭇매를 맞는 위험을 감수하고서라도 나설 때는 나서야 했다.

첫 1기 키코 공대위가 키코 사태를 들고 먼저 찾아간 곳은 공정거래위원회였다. 그러나 은행이 부적합한 금융 상품을 불완전 판매했다는 키코 공대위의 주장은 받아들여지지 않았다. 판매자가 상품의 결함을 제대로 알려주지 않은 채 계약이 체결되었다면 이는 명백한 불공정 거래였다. 하지만 공정위는 키코가 불공정 계약이 아니라는 의견을 내놓았다.

그다음으로 금감원을 찾아갔다. 은행의 키코 불완전 판매 제재를 요청하기 위해서였다. 그러나 금감원은 은행 제재를 유보해버렸다. 소송이 불가피했다. 믿을 거라곤 법밖에 없다는 생각이었다. 법이야말로 이 사건을 공정하게 따져줄 것이라고 믿었다.

2008년 11월, 키코 공대위 소속 124개 피해 기업은 은행을 상대로 손해 배상 및 채무부존재 확인 민사 소송을 먼저 제기했다. 그리고 이어 2010년 2월, 140개 피해 기업이 키코를 판매했던 은행을 상대로 특가법상 사기 혐의로 검찰에 고발했다.

그때까지도 은행 제재를 유보하고 있던 금감원은 2010년 8월이 돼서야 은행 제재 및 키코 판매 은행 임직원 징계를 결정한다. 겨우 솜방망이 처벌 수준으로 말이다. 키코 사태에 대해 미온적 태도를 보이던 금융 당국은 사건이 법원으로 넘어가자 아예 발을 빼버렸다. 법원의 판단에 맡기겠다는 것이다. 내가 보기에 그들의 태도는 완전히 직무유기 수준이었다. 사건의 잘잘못이야 나중에 가린다 해도 금융 사건으로 수많은 중소기업인이 시름 중인데 실태 조사조차 회피하며 뒷짐만 지고 서 있는 꼴이었다. 나는 그들의 태도에 분노하며 매일 같이 여의도 금감원과 증권거래소, 그리고 국회 앞을 돌며 키코 사태의 진실 규명을 요구하는 시위를 열었다. 특히 금융 당국에 대한 거센 비판의 날을 세웠다. 관리·감독의 역할을 해야 할 금융 당국이 제 역할을 못해 이런 사태가 생겼음에도 책임을 방기하고 있다는 사실을 내 목소리로 직접 알리고 다녔다.

연일 시위를 이어가고 있던 어느 날, 금감원의 한 과장으로부터 전화 한 통이 왔다. 금융 당국에 대한 비판을 멈추지 않으면 '반드시 응분의 조처를 취하겠다'라는 연락이었다. 말이 좋아 조처를 취한다는 것이지 협박이나 다름없었다. 키코 사태를 취재하는 기자들을 통해서도 들은 바가 있었다. "조붕구, 가만히 안 놔두겠다"는 얘기가 내부에서 돌고 있다고 했다. 국민 대다수가 신뢰하고 있을 당국의 형편없는 실상을 떠들고 다니는 내가 그들에게는 눈엣가시였을 것이다. 하지만 그런 협박에 내가 굴종할 것이라고 생각했다면 한참 잘못짚었다.

나는 그 길로 금감원으로 찾아가 내게 으름장을 놓은 그 과장에게 전화했다. 그리고 그에게 당장 내려오라고 하면서 어떤 조처를 취할 것인지 따져 물었다. 아니, 그럴 게 아니라 서로 자리를 아예 바꿔보자고 했다. 내가 코막중공업 대표이사 자리를 내줄 테니 당신이 와서 하고 내가 그 자리로 가겠다고 말이다. 아무리 못해도 내가 당신보다는 일을 잘 하겠다고 강하게 받아쳤다. 그 과장은 내가 직접 찾아오리라고는 상상하지 못 했을 것이다. 나는 겁낼 것도, 거칠 것도 없이 끝장을 보자는 생각이었다. 키코 사태를 막지 못한 것을 반성하고 대책을 세우지는 못할망정 자신들의 권한을 이용해 피해자를 협박하는 사람에게 일말의 타협의 여지도 주고 싶지 않았다. 만약 내가 대기업에 납품하는 형태로 기업을 운영하고 있었다면 정말 그 과장의 말대로 응분의 (부당한) 조치를 당하고 사업체가 날아갔을지도 모른다. 그러나 나는 글로벌 영업망으로 사업하는 사람이었다. 그들과 친한 대기업을 움직여 내 사업을 좌우할 수 있다고 생각을 했나 본데 어림없었다. 이 사실이 내가 큰소리를 칠 수 있던 이유이기도 했다.

키코 공대위가 거리에 서 있는 시간은 점점 길어졌지만 여론의 방향은 심상치 않았다. 키코 사태로 겪은 참상을 알릴수록 우리 목소리를 실어줄 것 같던 언론이 대뜸 키코 사태의 피해 기업을 궁지로 몰았다. 하루아침에 우리는 '환투기꾼'이 되어 있었다. 1,000개에 육박하는 키코 피해 기업들이 돈을 더 벌어보려고 환 투기를 하다가 감당할 수 없는 피해를 입었다는 것이 언론 보도의 요지였다. 경위를 알아보니 은행연합회에서 앞의 내용으로 보도자료를 돌려 피해 기업이 환 투기를 했다고 몰아간 것이다.

보도자료를 그대로 받아 쓴 언론들 때문에 잘못된 정보가 국민에게 노출됐다. 은행의 주장에 따르면, 키코 피해 기업들이 이른바 '오버헤지(over-hedge)'를 했는데 기업이 환차익을 보기 위해 감당할 수 있는 규모를 넘은 금액으로 계약해 막대한 손실을 자처했다는 것이었다. 졸지에 환투기꾼이 된 우리를 향한 대중의 시선은 매우 싸늘했다. '저런 기업들은 망해도 싸다'라는 반응이 대다수였다.

제대로 된 진실을 알리지도 못했는데 환투기꾼으로 몰려버리니 억울해 미칠 노릇이었다. 매출을 안정적으로 발생시키고 있는 기업들이 굳이 리스크가 큰 환 투기를 할 이유가 없었다. 계약 초기에 처음 발생한 손실을 만회하려고 기업인들이 찾아갔을 때 계약 갱신을 제안한 것도 은행이었다. 그들이 주장한 대로 처음부터 오버헤지를 한 기업은 아주 극소수에 불과했다. 이런 사실은 이후 금감원 발표 등으로 밝혀진 사실이기도 하다.

은행의 횡포는 도를 넘는 수준이었다. 금전적 피해를 줬던 것도 모자라 이제는 기업들의 명예까지 실추시키고 있었다. 키코 사태의 문제점을 덮고 키코 피해 기업들의 주장에 신뢰성을 떨어뜨리기 위해 수출기업인들을 한순간에 투기꾼으로 몰아세웠다. 가만히 뒀으면 외화를 벌고 있을 알토란 같은 기업들을 망쳐놓고도 탐욕의 껍데기를 피해 기업들에 씌우는 은행의 뻔뻔함에 숨이 막힐 지경이었다.

나는 진실이 호도되고 있는 상황을 마냥 지켜볼 수가 없었다. 그래서 하게 된 행동이 수출의 탑 반납이었다. 키코 피해 기업이 환투기 기업으로 몰리는 것에 참을 수 없는 분노가 일었다. 키코로 환투기를 했다는 대대적인 언론 보도가 나가자 가뜩이나 반응이 미적지근했던 금융 당국은 아예 모르쇠로 일관하기 시작했다.

나는 키코 공대위 소속 200개 기업 사장들에게 그간 국가로부터 받은 훈장, 표창장과 수출의 탑을 반납하자는 공문을 보냈다. 국가 경제에 이바지한 것을 인정받아 국가로부터 받은 수출의 탑을 누구보다 자랑스럽게 여기던 기업인들이었다. 하지만 키코 사태로 보게 된 국가의 민낯은 자부심을 가질만한 존재가 못 됐다. 중소기업인들에게 국가의 도움이 필요할 때 국가는 무책임하고 무능했으며 중재와 조정의 입장에 있어야 하는데도 불구하고 은행이라는 기득권 입장에 휘둘리는 국가에 무슨 존경이 있고 어떤 헌신이 있겠는가! 훈장, 표창장 반납은 그런 국가에 대한 저항이자 불신임의 표현이었다. 특히 수출의 탑은 기업에 있어 아주 소중한 의미를 지닌 훈장이다. 단순히 우수한 수출 실적만을 나타내는 것이 아니라 한 기업의 역사와 성장이 고스란히 녹아 있는 상징이기 때문이다. 어렵게 개발한 자기 기술로 불모의 해외 시장을 개척하고 세계 시장에서 독자적인 영역을 구축해왔던 우리 기업인들의 자긍심이 집약된 수출의 탑을 다시 반납할 만큼 절박하고 절망적인 상황이었다.

사무실 하나가 꽉 찰 정도로 모인 수출의 탑을 들고 금감원 앞으로 향했다. 은행의 고위험 파생 상품 판매로 중소기업들이 막대한 피해를 봤는데도 은행에는 솜방망이 처벌을 내리고 대책 마련에는 지지부진한 금융 당국의 책임을 강력하게 묻고자 했다. 적어도 금융 당국이 감독이라는 제 역할만 제대로 했다면 상황이 이 지경까지 오지 않았을 것이다.

수출의 탑을 반납하면서까지 호소한 키코 공대위의 목소리는 다행히 많은 국민의 관심을 받았다. 공중파 뉴스 헤드라인은 물론, 주요 일간지 1면을 장식하자 키코 사태와 키코 피해 기업들의 사례가 조명받기 시작했다. 다행이었다. 우리 기업인들이 환투기꾼이 아니라는 것을 이렇게까지 호소해야 한다는 사실이 참담했지만 언론이 우리의 목소리에 귀 기울이고 공정 보도를 위해 움직여주는 것만으로도 당시로선 감격스러운 일이었다.

실제로 당시 여론의 움직임은 소송에도 영향을 준 것으로 생각된다. 수출의 탑 반납 시위가 있고 나서부터 키코 피해 기업들의 처참한 현실과 탐욕 금융의 민낯이 여러 언론을 통해 지속해서 보도되기 시작했고 2012년 8월 처음으로 키코 피해 기업이 낸 부당이익금 반환 소송에서 손해액의 60~70%가 배상액으로 인정된 원고 승소를 가져왔다. 재판부가 거래의 위험성을 충분히 설명하지 않은 은행의 책임을 인정한 것이다. 이후 승소율은 70%까지 올라갔다.

거리 위에서 흘린 땀과 눈물이 작은 희망이 되어 돌아오고 있었다. 키코 피해 기업인들에게 법정은 우리가 기댈 수 있는 정의의 최후 보루나 다름없었다. 무너진 사회 정의 시스템을 바로 세울 수 있는 유일한 공간이었다. 그렇게 생각했다. 은행 쪽의 항소가 이어졌지만 대법원까지 가더라도 끝내 법이 국민을, 소비자를, 약자를 보호하지 않을 거라는 생각은 하지 않았다. 당연했다. 내가 알고 있는 상식이 맞는다면 법은 약자를 보호하는 데 쓰이는 것이며 사회 정의를 위해 존재하는 것이었다. 비록 키코로 인해 엄청난 피해를 봤지만 이번 기회에 무너진 금융 정의를 바로 세울 수 있다면 우리의 사례가 공정한 땅을 만드는 데 밀알로 쓰이길 바랐다.

법정 관리에 들어간 회사 운영과 키코 공대위 활동을 동시에 하느라 온몸에 진이 빠지고 숨 돌릴 틈도 없는 하루하루였지만 오직 그 희망과 바람으로 버텨냈다. 공정한 판결을 기필코 받아 약탈과 탐욕을 향해 달려가는 금융 권력이라는 폭주 기관차에 브레이크를 한번 걸어보겠다는 심정이었다.

그러나 나의 이런 의욕이 브레이크는커녕 작은 돌부리도 못 된다는 사실을 알게 된 건 얼마 지나지 않아서였다. 은행이 내세운 변호인집단이 법 위에 있었다. 법 위에 대형 로펌이 있었던 것이다. 그들은 금융이라는 기관차에 엄청난 화력을 지원하며 피해 기업들이 낸

소송을 헤집어 놓기 시작했다. 우리나라 최고의 로펌, 김앤장의 등

장이었다.

▶ 키코 사태의 정치적 판결과 관련한 사법부 규탄 기자회견 개최 |
　2018년 5월

# 그리고 아무도
## 책임지지 않았다

금융은 매우 전문적인 분야이기 때문에 일반인들이 관련 정보에 접근하기가 매우 제한적이다. 더욱이 파생 금융 상품들의 경우 상품 설계 자체가 전문가조차 파악하기 어려울 정도로 되어 있어서 금융 상품에 대해 우월적 지식을 가진 판매자그룹, 즉 은행과 소비자 간의 정보 비대칭성이 그 어느 분야보다 크다. 금융은 그 간극을 이용해 범죄에 가까운 방식으로 소비자를 약탈하고 있었다.

금융 파생 상품이었던 키코 역시 금융이 고도로, 교묘히 쳐놓은 거미줄이었다. 건실한 중견 수출기업들이 그 탐욕스러운 거미줄에 걸려 피를 다 빨려버린 사건이 바로 키코 사태다.

키코 공대위를 결성해 활동을 시작했을 때만 해도 나는 일말의 희망을 품고 있었다. '금융'이라는 글자를 이름에 붙이고 있거나 다루고 있는 금감원, 금융위원회, 공정거래위원회 등등의 정부 기관들이 있었기 때문이다. 금융 파생 상품에 대한 가치 평가를 수행할 능력이 없는 금융 소비자들을 보호하고, 소비자의 피해가 분명한 상품이 시장에 나오지 않도록 감시하고, 그럼에도 불구하고 시장에 돌고 있는 상품이 있다면 찾아내어 판매자의 책임을 묻는 것이 그들의 역할이기 때문이다. 키코 사태는 수많은 수출기업이 부도, 장기 휴업, 법정 관리, 상장 폐지를 겪고 있고 피해액이 수조 원에 달하는 사건인 만큼 사회적 파장이 매우 컸다. 당연히 국가 기관이 사건 해결을 위해 나서줄 것으로 생각했다.

특히, 금감원의 역할에 나는 많은 기대를 걸었다. 금융회사들의 부당한 행위를 감시하고 감독하는 업무를 주력으로 하는 특수 기관이 바로 금감원이다. 키코 공대위는 키코 사태 해결을 촉구하는 탄원서를 금감원에 제출했다. 그런데 어찌 된 일인지 금감원의 반응이 신통치 않았다. 탄원서 제출만 수차례 거듭했지만 금감원은 사태에 대한 미온적 태도를 거두지 않았다. 키코 사태가 터지기 시작한 2008년에서 무려 3년이 지나서야 은행 직원 몇몇에 대한 징계 정도로 처벌 수위를 정할 뿐이었다. 이에 반발한 키코 공대위가 이듬해 금감원의 관리 감독 소홀 및 직무유기를 들어 금감원을 고발했지만 이미 키코 사태는 아무것도 해결되지 못한 채 4년째로 접어들었고, 그 어떤 정부 기관의 도움 없이 은행이 내세운 김앤장이라는 거대한 로펌을 상대로 힘겨운 싸움을 이어가야 했다.

적어도 금감원만큼은 키코 사태에서 자유로울 수 없다. 키코 사태가 발생한 직후에 금감원 차원의 신속한 대책 마련과 진상 파악이 있었더라면 사태가 이 지경까지 오지도 않았을 것이다. 키코 공대위의 활동이 각 금융 당국을 찾아가 사태 해결을 촉구하고 진상 파악을 요구하는 시위 수준에서 검찰 고발 및 소송전으로 전환되자 금감원은 오히려 사건에서 발을 빼버렸다. 법원의 판단에 맡기겠다는 것이었다. 금감원의 견해가 소송에 영향을 줄 수 있기 때문에 소송 중인 사안은 민원 해결이 불가하다는 통보였다. 이런 금감원의 태도는 오히려 은행의 입장을 두둔하는 꼴이 됐다. 금융 소비자와 금융 기관 간의 불균형을 바로잡아야 할 금융 당국의 제 역할을 기대하는 것이 더는 무의미해졌다.

금융에 당한 배신은 정부가 보여준 무책임한 행동에 실망한 것에 비하면 아무것도 아니었다. 은행이라는 거대한 금융 권력에 의해 중소기업인들이 당했는데도 키코 사태를 사기업 간의 분쟁으로 보고 개입할 수 없다는 금감원의 태도를 이해할 수 없었다.

좋다! 백번을 양보해서 사기업 간의 분쟁이라고 치자. 그렇다고 해도 막대한 피해가 속출하고 있는 상황에서 중소기업인들이 맡는 경제적 역할과 산업의 중요성에 대해서는 인지를 하고 우선적으로 구제 대책을 내놓아야 하는 것이 아닌가? 그리고 적어도 이 사태의 진실이 무엇인지, 누구의 주장이 맞는지 발언의 기회를 제공하고, 듣고, 조사하는 등의 노력은 해야 하는 것이 아닌가? 금감원이 사기업 간의 분쟁으로 보고 발을 빼버리니 가뜩이나 힘의 불균형으로 기울어져 있는 상황에 부닥친 중소기업인이 도미노처럼 무너지는 일은 당연했다.

정부에 대한 신뢰가 깨지자 우리가 찾아간 곳은 국회였다. 탐욕스러운 금융의 실체를 폭로하고 진실을 규명해 정치권 차원의 대책을 마련해주길 바랐다. 입법 기관인 국회가 할 수 있는 일은 무궁무진했다. 키코 피해 기업의 구제방안은 물론 제2, 제3의 키코 사태를 예방하고 재발을 방지하는 사안까지 법제화를 할 수 있는 힘이 국회에 있었다. 키코 사태는 단순히 은행과 기업 간의 문제가 아니었다. 정부의 무책임하고 무능한 태도에서 알 수 있듯이 금융 감독 시스템 자체에 문제가 있다면 금융 분쟁에서만큼은 정보 독점에 대항할 수 있고 강제력을 지닌 정부가 소비자 대신 나서 분쟁 해결에 뛰어들게 하는 정책이 필요했다.

키코 공대위는 지금의 금융 시스템이 개선되지 않으면 또 다른 키코 사태가 계속해서 터질 것을 누구보다 잘 알았다. 정치권이 발빠르게 움직여 준다면 앞으로의 금융 사고를 예방하고 피해자가 구제받는 법을 만들 수 있겠다고 판단했다. 다행히 키코 사태의 문제점과 심각성을 알아본 의원들이 있었다. 덕분에 토론회, 공청회, 청문회, 그리고 국정 조사까지 가능했다. 특히 당시 야당이었던 새정치민주연합 소속 의원들의 활동이 고마웠다. 하지만 문제 해결에 큰 진전은 없었다. 정치권에서의 해결 역시 답보상태로 머물러야 했다. 야당의 의지에도 불구하고 여당의 적극적인 협조 없이는 해결이 불가능했던 것이다. 당시 여당이었던 새누리당은 검토하겠다는 스탠스만 유지하고 해결 의지를 보이지 않았다. 아마도 여당에 대한 금융권의 강력한 로비가 있지 않았을까 생각한다. 그도 그럴 것이 키코 공대위가 키코 사태 해결을 촉구하며 접촉했던 여당의 모 의원마저 키코를 적극적으로 판매했던 은행의 부행장 출신이었다. 심지어 그의 남편은 키코 피해 기업들과 소송 중에 있는 김앤장 출신 변호인이었다. 이러한 관계가 있었기 때문에 금융권의 목소리가 여당의 태도에 영향을 미쳤을 것이라는 합리적 의심을 거둘 수가 없었다. 우리가 모르는 사이 금융 권력은 국회까지 움직이고 있던 것이다.

언론이라고 다르지 않았다. 은행 쪽의 일방적인 보도자료로 인해 환투기꾼으로 몰린 적이 있기 때문에 공정한 보도가 그 어느 때보다 절실했고 언론의 영향력도 실감했던 차였다. 그렇기에 더욱 열심히 언론에 대고 호소했다. 몇몇 경제 언론사가 많이 도와줬다. 키코 공대위의 목소리를 꾸준히 지면에 실어준 언론사도 있었다. 하지만 소위 중앙 언론은 키코 사태를 외면하다시피 했다. 금융 권력의 손이 닿지 않은 곳이 없었다. 언론사 역시 대출로 금융권에 발목을 잡히고 눈치를 보는 형편이었다. 정부도, 국회도, 언론도 모두 금융 권력 안에서 꼼짝을 못하는 꼴이었다.

학계도 마찬가지였다. 키코 공대위는 금융 파생 상품의 문제점을 누구보다 잘 알고 있을 학계 교수들과 금융 전문가그룹을 만나 키코의 불완전한 상품의 적합성 여부와 불공정 판매에 대해 발표해달라고 호소했다. 처음에는 접촉한 교수들 대부분이 적극적이었다. 그러나 결국 몇 명의, 처음 모였던 사람들에 비하면 정말 소수의 양심 있는 학자들만이 키코 사태와 끝까지 함께 남았다. 교수들에게는 제자들의 취업과 연구비가, 금융 전문가들에게는 먹고사는 문제가 금융의 손에 달려 있었다.

그래서 남은 게 법밖에 없었다. 믿을 거라고는 법원의 판결이 전부였다. 금융에서 시작한 신뢰의 붕괴는 정부, 국회, 언론, 학계까지 멈출 줄 모르고 이어졌다. 그 와중에도 기업들은 키코 대금을 갚아대느라 엄청난 고통에 시달리고 있었다. 소송마저 지게 된다면 더 이상의 희망은 없었다. 우리나라 정부와 입법부, 언론과 학계까지 아무도 책임지지 않는 이 비극의 도미노를 끊어낼 수 있는 마지막 보루가 법원의 판결이었다.

분위기는 나쁘지 않았다. 피해 기업들이 낸 소송의 승소율이 70%까지 올라가 있었고 키코 사태와 비슷한 금융 파생 상품에 의한 피해 소송에서 피해 기업들에 승리를 안기는 해외 사례가 쏟아지고 있었다. 해외 국가들 대부분이 금융 파생 상품을 판매한 금융 회사에 배상 및 처벌 조치를 내리고 있던 것이다. 그 아무리 김앤장이 덤볐다 해도 파생 상품에 대한 문제가 세계적으로 검증된 상황에서 우리나라도 예외일 수 없을 것이라고, 그렇게 믿었다. 끝까지 믿었다. 믿는 것 외에는 할 수 있는 것이 없었다. 사법부에 대한 신뢰마저 무너지면 대한민국에서 중소기업을 운영할 기업인들이 누가 있겠나 싶었다. 그 상태에서 누군가 기업을 하겠다면 당장 뜯어 말리고 싶은 심정이었다. 그래서 믿었다. 믿어야 했다. 키코 사태에 대한 최종 대법원 판결은 2013년 9월 26일에 있었다.

▶ 양승태 구속 촉구 기자회견 후 철야 농성 모습 | 2018년 9월

# 04

## '패소'를
### 만든 사람들

여기 5개의 사례가 있다.*

① 미국 정부는 금융 파생 상품을 판매한 골드만삭스를 사기
죄로 기소하고 가치 평가 능력이 없는 기업에 구조화된 파
생 상품을 판매한 은행을 사기죄로 처벌했다.

② 독일 연방대법원은 고도로 복잡한 파생 상품의 경우 고객
이 손실의 위험을 이해할 수 있도록 알리고 위험을 과소
평가하지 않도록 설명할 의무가 있음을 판시하여 피해 기
업에 전액 손해 배상을 판결했다.

③ 이탈리아 검찰은 파생 상품구조 속에 숨겨진 수수료를 고객

---

* 백성진·김진욱,《금융의 배신》(맛있는 책, 2012), 86면.

에게 고의로 숨긴 행위에 대해 은행을 사기죄로 고소했다.

④ 인도 중앙조사국은 파생 상품 불완전 판매·사기 혐의에 대한 위반사항을 적발하고 인도준비은행은 파생 상품을 판매한 19개 은행에 법정 최고의 제재금을 부과했다.

⑤ 일본 금융청 및 은행연합회는 외환 파생 상품으로 입은 기업 손실액의 50% 이상을 배상하도록 합의했다.


그리고 여기 하나의 사례가 있다. 2013년 9월 26일, 한국의 대법원 전원합의체(재판장: 양승태 대법원장)는 키코로 피해를 본 중소기업 세신정밀, 삼코, 수산중공업, 모나미가 은행을 상대로 낸 부당이득금 반환 소송에서 은행 승소의 판결을 내린다. 대법원은 키코가 환헤지 목적에 부합한 상품으로 불공정 계약이 아니라고 판결했다. 대법원은 키코 상품의 부적합성을 인정하지 않았을 뿐만 아니라 사기 또는 착오로 인한 취소 등 기업이 주장한 무효, 취소 사유를 모두 인정하지 않았다.

대법에서 다뤄졌던 주요 쟁점은 키코가 보험 상품인가 아니면 투자 상품인가였다. 은행은 헤지 기능이 있는 보험 상품이라 주장했고, 피해 기업은 거액의 손해가 발생할 수 있는 투자 상품이며 키코 사태는 은행이 투자 상품을 보험 상품으로 가장해 판매한 사기 사건이라는 입장이었다. 보험 목적으로 가입했는데 거액의 손해를 봤다면 과연 그 상품을 보험이라고 할 수 있느냐는 말이었다. 그러나 대법원은 키코 상품이 가격 변동의 일부 구간에서라도 헤지 기능이 있으니 헤지 상품으로 인정할 수 있다고 판단했다. 그렇다면 왜 키코 상품은 더 이상 판매되지 않고 있는가? 나는 이 질문을 하지 않을 수 없다. 키코 상품이 대법원의 판단대로 정상적인 범위에 드는 헤지 상품이라면 지금도 키코는 물론 유사한 설계구조를 가진 상품이 판매되고 있어야 하지 않을까? 하지만 키코는 판매가 중단됐고 키코와 유사한 구조의 파생 상품 역시 판매되지 않고 있다. 키코 사태로 인해 이와 같은 상품이 환율 헤지에는 적합하지 않다는 것을 알았다는 반증으로 해석할 수밖에 없다.

지난했던 싸움은 이렇게 오류와 모순투성이인 판결로 끝나 버렸다. 대법관 13명 가운데 소수의견을 낸 대법관은 없었다. 중소기업 편을 들어준 대법관이 한 명도 없었던 셈이다. 키코 사태가 터진 이후 무려 5년 만의 판결이었다. 소송을 진행하는 사이 수많은 피해 기업이 도산했고 경영권이 넘어갔다. 그러나 결과는 믿기지 않을 정도로 참담했다.

키코 소송은 김앤장, 광장, 화우, 태평양, 율촌 등 국내 굴지의 대형 로펌이 다 붙었던 소송이었다. 특히 김앤장은 덩치로도, 수임료로도 대한민국 1등이라면 서러운 로펌이었다. 전범기업인 미쓰비시중공업의 강제 동원 피해자 소송 관련 일본 측 변호인이자, 외환은행을 인수해 4조 6,000억 원의 시세 차익을 남긴 론스타 사건, 가습기 살균제 사건으로 유명한 옥시레킷벤키저 법률 대리인도 김앤장이다.

대형 로펌들에 엄청난 변호 비용을 제공한 은행은 앞선 선진국의 사례를 가볍게 비웃었다. 법원은 철저히 은행의 주장만이 수용된 판결문을 읽었다.

나는 대법원의 판결에 두 손, 두 발을 다 들었다. 피해 기업이 패소한 이유는 분명했다. 키코라는 금융 파생 상품에 문제가 없어서도 아니고, 키코 피해 기업들의 주장이 억지여서도 아니고, 피해 기업을 변호해준 변호인단이 훌륭하지 않아서도 아니다. 피해 기업의 상대가 김앤장이었기 때문이다. 처음부터 이길 수 없는 게임이었다. 우리가 절대 정의라고 믿었던 법 위에 김앤장이 있었다. 한국 최고의 로펌이 사회적 책임과 역사의식을 갖기는커녕 돈과 힘의 논리를 휘두르며 약자들의 인권을 유린하고 있는 것이다.

김앤장의 파워는 대단했다. 키코 피해 기업들이 처음 소송에 뛰어들 때, 계약의 불공정을 입증할 증거라고는 달랑 계약서뿐이었다. 그만큼 키코에 대한 정보를 찾아 수집하기가 어려웠다. 그런데 상대편으로 나온 김앤장은 처음부터 책 한 권은 가뿐히 넘는 자료를 들고 와 피해 기업들을 공격하기 시작했다. 정보의 비대칭성이 몰고 온 사건이 소송 현장에서도 엄청난 기울기를 유지한 채 이어진 것이다.

김앤장은 기업들이 상상할 수조차 없는 별별 판례를 다 들어 사건을 축소하고 본질을 흐렸다. 20년 전, 50년 전, 그것도 아니면 해외의 사례를 찾아 논리를 세우고 꼬투리를 잡고 늘어졌다. 내가 키코 소송을 하면서 지켜본 그들은 법 지식을 팔아 이익을 챙기는 법 장사꾼과 다름없었다. 키코 피해 기업들의 돈은 국내 은행에 수수료 명목으로 몇 푼 정도 남고 죄다 미국계 은행으로 넘어갔다. 물론 피해 규모가 어마어마하기 때문에 그 수수료 몇 푼으로도 국내 은행은 신나게 돈 잔치를 했을 것이다. 약탈 금융의 수익자 편에 서서 그 수익을 나눠 먹으며 변호하는 국내 굴지의 로펌들은 더 이상 내게는 법조인이 아니었다. 항상 사회적 약자와 피해자들 반대편인 가해자와 권력자 편에서 엄청나게 무시무시한 돈을 챙기는 돈벌이에 혈안이 된 사람들이었다.

판결뿐 아니라 소송 진행 중 납득되지 않는 모든 순간에 김앤장의 그림자가 있었다. 그중 하나가 처음으로 유의미한 진전을 보이던 키코 수사가 돌연 중단된 것이다. 2010년 키코 공대위가 키코를 판매한 은행들을 사기 혐의로 고발했을 때 검찰의 수사 의지는 분명했다. 고발이 있고 얼마 지나지 않아 서울중앙지검에서 본격적인 수사에 착수했고 금감원 압수수색도 진행했다. 그런데 돌연 검찰이 신청한 11개 은행에 대한 압수수색 영장이 모조리 기각됐다. 거기에 더해 2011년 서울중앙지검장으로 한상대 지검장이 취임하면서 수사의 완전히 방향이 틀어지기 시작했다. 한상대 지검장 취임 이후 있었던 업무 보고 1호가 바로 키코 사건이었다. 당시 정권 차원의 중차대한 사건들이 서울중앙지검에 모여 있었지만 모든 사안을 제치고 한상대 지검장이 첫 번째로 점검할 만큼 키코가 중요한 사건이었던 것이다. 그러나 그의 각별한 관심은 피해 기업을 위한 것이 아니었다.

"은행 다 죽일 일 있느냐? 키코 수사 빨리 끝내라!"

키코 사건을 담당했던 수사팀에 한상대 지검장이 내린 지시였다. 1,000여 개에 육박하는 중소기업이 피해를 봤는데도 은행 걱정이라니, 한국 검찰의 뱅크 프랜들리 정신이 정말 대단하지 않은가? 한상대 지검장은 키코 사건을 적극적으로 수사해 오던 박성재 검사를 공판부로 전보 조치시켰고 이성윤 부장검사로 교체된 키코 수사는 지지부진하다가 그해 7월 무혐의 처분으로 끝나버렸다. 키코 공대위의 항고도 기각됐다.

키코 사건을 무마시킨 한상대 지검장은 이후 검찰총장이 됐지만 박성재 검사는 결국 사표를 제출하고 변호사의 길을 걷기 시작했다. 2012년에 있던 대검 국감에 출석한 금융법 전문가 박선종 박사(현 숭실대 법학과 교수)는 당시 박성재 검사에게 들은 이야기라면서 '윗분들의 반대로 기소를 못 하고 있다', '은행 측 사건 수임을 한 김앤장의 로비가 심해 담당 검사를 마음대로 바꾸려는 느낌이 든다' 등을 증언으로 남겼다. 또한 은행에 이익이 많이 남는다는 것을 피해 기업에서 알지 못하도록 주의하라는 은행 본점과 지점 간의 대화가 담긴 수사 보고서를 봤다고도 증언했다. 박선종 박사의 국감 증언은 키코가 피해 기업들에 절대적으로 불리하다는 것을 은행이 알고 있었다는 키코 공대위 측의 주장을 뒷받침할 중요한 증거였다.

은행이 키코의 위험성을 제대로 알려주지 않은 채 계약 체결이 이뤄졌다면 이는 분명한 불공정 거래였다. 또한 가입자에게 충분한 설명 없이 이뤄진 판매는 명백한 불완전 판매였다. 이를 증명할 증거가 은행 내부에서 돌고 있던 것이었다. 키코 공대위는 즉시 문제의 보고서를 확보하려고 움직였다. 하지만 이미 수사 방향을 틀어버린 검찰이 순순히 내줄 리 만무했다. 검찰은 개인의 사생활 보호를 이유로 정보 공개를 거부하다 키코 공대위가 낸 행정 소송 끝에 공개했다. 행정 소송 기간만 1년 6개월이 걸렸다. 그사이 대법원 판결이 나왔다. 검찰은 대법원의 판결이 나온 후에야 겨우 수사 보고서를 공개한 것이다.

그 보고서의 내용은 가히 충격적이었다. 서비스 차원에서 수수료 없이 제공한다던 키코는 사실 제로 코스트(Zero Cost)가 아니었다. 고객에게 제로 코스트인 것처럼 보여야 한다는 얘기가 은행 직원들 사이에서 나왔다. 이 발언은 은행이 고객을 상대로 사기를 쳤다는 명백한 증거였다.

보고서가 공개되기 전 대법원은 김앤장의 주장대로 0.4~0.8%의 수수료가 인정된다고 결론을 내렸지만 실상은 그게 아니었다. 이후 키코 공대위가 확인한 키코의 수수료는 무려 250%였다. 그런데도 이 상품이 사기 상품이 아니라고 할 수 있겠는가? 재판부는 은행이 수수료가 없다며 기업을 속였는데도 은행이 챙긴 수수료가 어느 정도였는지만 따지고 수수료를 챙긴 행위에 대해서는 판단하지 않았다. 또한 "옵션 상품이 위험한 상품이라는 걸 확실히 깨달았다"라는 말이 은행 직원의 발언으로 나왔을 정도로 은행은 키코가 위험한 상품인 줄 알면서도 정작 기업에 판매할 때에는 위험성 설명을 하지 않았다. 보고서에서 드러난 혐의점만이라도 조사할 수 있었다면 아마 대법원의 판결이 이렇게 허무하게 나지는 않았을 것이다.

키코 사건을 다루려고 했던 한 시사 프로그램도 김앤장이 방영을 막았다는 얘기가 들려왔다. 피해 여론이 확산하면 은행이 불리해지니 어떻게든 막았을 것이 분명하다.

1심부터 대법원 판결까지 키코 소송을 돌이켜 보면, 잘 짜인 각본 같다는 생각이 든다. 한 편의 시나리오에 따라 언론, 검찰, 법원 모두 일사불란하게 움직여 피해 기업의 패소를 만들어 냈다. 제일 큰 공로는 역시 김앤장에 있다. 노벨 경제학상 수상자 로버트 엥글 교수도, 국제금융기구 IMF의 수석연구원도 키코는 기업을 위한 환헤지 상품이 아니라는 분석을 내놓았다. 오히려 은행의 폭리가 가능한 구조로 설계되었기에 중소기업에 판매해서는 안 되는 상품이었다고 증언했다. 그러나 김앤장이 휘어잡고 있는 재판정에서는 이 모든 발언이 공허할 뿐이었다. 그래서 나는 키코 소송이 법의 논리로 판결된 것이 아니라 힘의 논리로 판결되었다고 생각한다. 그 힘이 바로 돈과 권력이었다.

김앤장 출신이 청와대 각료가 되고 장관이 되고 정부 부처의 수장이 되는 사례는 너무 많다. 그 반대의 경우도 마찬가지다. 퇴직한 고위공직자가 김앤장의 일원이 되는 경우가 허다하다. 법조계, 정계, 심지어 금융계에도 예외는 없었다. 우리가 모르는 이너서클 안에서 저들끼리 돌고 돌며 기득권의 힘을 모아 세우고 과시하고 있었다. 김앤장의 로비는 그래서 통한다. 정부정책부터 법원 판결까지 손대지 못할 곳이 없으니 재벌 대기업, 은행, 심지어 정부까지 돈다발을 싸 들고 찾아가 김앤장의 의뢰인이 되는 것이다.

키코 소송을 겪으며 나는 우리나라 기득권들이 얼마나 천박한 자본주의 사고를 갖고 있는지 보게 되었다. 돈이면 다 된다는 생각, 돈만 많이 벌면 된다는 생각으로 법 지식마저 돈벌이 수단으로 전락시켜버렸다. 가장 멀리 떨어져 있어야 할 돈과 권력이 등가를 형성하며 고여 있는 자리에 정의가 들어설 자리가 어디 있겠는가? 고인물에서 풍기는 썩은 내만 진동할 뿐이다.

2기 키코 공대위는 2013년 대법원 판결과 함께 활동을 중단했다. 키코 공대위는 키코 사태를 바로잡아 성과주의의 금융 사고와 불공정한 금융 시스템을 바꿔보려 했던 약자들의 모임이었다. 그러나 허술한 금융제도와 그 제도를 '갑'에게만 유리하게 작동하도록 만든 세력들에 의해 다시 한 번 우리 '을'들이 짓밟혔다. 금융권의 약탈로 어떤 기업인은 감옥에 갔고, 누구는 대대로 지켜온 종갓집을 날렸고, 어떤 이는 경영권을 빼앗겼으며, 많은 사람이 직장을 잃었고, 견디다 못해 세상을 등진 사람도 있었다.

키코 피해 기업들이 초토화되는 동안 돈을 번 사람들도 있었다. 키코 상품 판매로 보너스 잔치를 한 몇몇 은행원과 은행들, 김앤장 등의 대형 로펌들, 그리고 수수료 몇 푼을 국내 은행에 남기고 피해액을 통째로 삼킨 외국계 금융회사들이 그들이다.

키코 피해 기업의 패소는 '했다'기 보다 '만들어졌다'라고 보는 것이 마땅하다. 거대 금융, 대형 로펌, 거기에 검찰, 사법부까지 합세해 피해 기업들의 생계와 명예를 짓밟았다. 키코 사태는 우리나라 정부, 입법부, 사법부가 중소기업이 아니라 재벌과 금융의 편이라는 사실을 여실히 보여준 사건이다. 금융과 중소기업이 부딪혔을 때, 금융 '권력'과 약자들이 부딪혔을 때 우리 사회가 어떤 선택을 하는지 적나라하게 보여준 사례이자 앞으로 이어질 일반 국민의 피해를 예고한 사건이기도 하다.

금융에 당한 수출기업들은 탄탄한 자본을 갖고 있던 우량기업들이었다. 결코 작다고 할 수 없는 기업들의 자본도 빨아 먹는데 개인의 돈은 먹기가 오죽 쉬울까 싶었다. 아니나 다를까? 키코 사태에 뒤이어 저축은행 사태, 고금리 대출 사태가 연이어 터지며 일반 서민들의 주머니까지 다 털렸다. 잇따른 금융 사고로 피눈물을 흘리는 사람들을 보며 '우리가 키코 사태를 계기로 금융에 대한 경계와 감시를 강화할 수 있었다면 저들의 아픔은 막아볼 수 있지 않았을까?'라는 안타까운 마음이 든다. 저축은행 사태 등으로 서민들의 고혈을 빨아먹은 금융 권력들은 역시나 그들만의 이너서클을 통해 대거 불구속 기소를 받아내는 등 양심과 책임에 따른 행동은 보여주지 않았다. 금융 사고를 당한 사람들에 대한 연민과 연대의식도, 금융 상품과 관련해 세계에서 유일한 판결이 나온 것에 대한 부끄러움도 피해자인 우리의 몫일 뿐이었다.

하나 더, 우리에게 남겨진 몫이 또 있었다. 패소가 끝이라 생각했다면 아직도 저들을 모르고 하는 소리다. 은행들은 승소 후 소송 비용을 피해 기업들에 청구했다. 국내 최대 로펌들을 동원했던 만큼 소송 비용은 각 피해 기업당 1억 원에 달했다. 키코 때문에 도산한 기업들에 소송 비용까지 감당하라니 가당키나 한 일인가? 저들은 참으로 지독하고 야만적인 집단이 아닐 수 없다.

▶ 키코 사태의 검찰 재수사를 촉구하는 시민사회단체 연합 기자회견
(대검찰청 앞) | 2017년 10월

# 거리에서 만난
사람들

빚과 상처만 남긴 키코였지만 딱 한 가지 고마운 점이 있다. 키코가 아니었다면 만날 수 없었을 좋은 사람을 많이 만나게 해줬다는 점이다. 돈이면 다 되는 시대여도 돈으로 살 수 없는 것이 바로 '인연'이 아닌가 싶다. 나는 억만금을 줘도 살 수 없는 인생의 인연들을 거리에서 만났다.

기업인으로 평생 갈 줄 알았던 내 인생이 키코 사태로 인해 길바닥으로 내던져졌을 때 그 누구 하나 먼저 손 내미는 사람이 없었다. 한때 친구였다고 생각한 사람들도 하나둘 떠나갔고 유일한 피난처였던 가족마저 미국으로 떠나보낸 뒤, 철저히 혼자 남아 키코 투쟁을 이어가던 중이었다. 당시 누구보다 외로웠고 그 어느 때보다 괴로웠던 시간을 보내고 있었지만 키코 공대위를 이끌다시피 했기 때문에 흔들리거나 무너질 입장도 아니었다. 곧 수습될 줄 알았던 키코 사태가 장기화 조짐을 보이자 매일 거리에 나가 실상을 알렸지만 은행 쪽의 언론 차단으로 인해 어느 언론도 기사를 써주지 않았다.

눈앞에 닥친 현실이 암울하기만 했다. 그때 내게 먼저 연락을 준 사람이 있었다. 박선숙 의원이었다. 지금은 바른미래당 소속 의원이지만 당시에는 통합민주당 소속 18대 국회의원이었던 그의 전화를 받고 우선은 얼떨떨했다. 그때까지만 해도 나는 국회의원을 개인적으로 만난다는 일은 상상도 못 했었고, 국회의원에게 직접 우리의 사정을 전달할 수 있을 것이라는 기대조차 갖지 못했다. 그런데 국회의원이 먼저 찾아줬으니 얼마나 놀랍고 고마웠는지 모른다.

박선숙 의원은 따뜻한 식사 한 끼를 먼저 권했다. 길 위에서 시간을 보내느라 끼니를 제대로 챙기지 못하던 중이어서 그랬는지 몰라도 그의 배려와 마음씨에 우선 마음이 놓였다. 그리고 그 자리에서 박선숙 의원은 금융 당국을 압박해 키코 피해 기업을 살리는 데 힘쓰겠다고 말했다. 정치인 중 키코 사태에 관심을 보여준 최초의 국회의원이 사태 해결 의지까지 보여준 것이다. 하루가 멀다 하고 기업들은 쓰러져 가는데 누구 하나 관심 두고 들여다보지 않던 시기였다. 이때 박선숙 의원과의 만남은 3년 가뭄에 내린 단비처럼 다시금 희망의 싹을 틔울 생명수와 같았다.

하지만 현실의 벽은 단단했다. 야당 소속이라 정책수단은 쓸 수 없었고 키코 피해 기업들이 은행을 상대로 소송을 진행하고 있었기 때문에 법원의 판단이 나오기까지 국회는 물론 정부 기관까지 아무것도 할 수 없다. 나중에 알았지만 박선숙 의원은 국회 정무위에서 아주 유명한 사람이었다. 18대 국회에서 정무위원회 베스트 의원으로 꼽혔을 만큼 독보적인 의정 활동을 보였다. 키코 및 은행, 증권사 수수료 문제와 산업은행 민영화 반대 등의 굵직한 금융정책들에 날카로운 지적을 쏟아내 금융 당국과 금융 기관들이 어려워하는 경계 대상 1호였다고 한다. 비록 현실의 벽에 가로막혀 이렇다 할 대책은 만들어 내지 못했지만 박선숙 의원 같은 사람이 키코 피해 기업을 알아봐 주고 애쓰고 있다는 사실만으로도 큰 위로가 되었다.

키코 투쟁을 이어갈 때 내게 먼저 손 내민 또 다른 사람들이 있다. 한국FP협회 소속 국제공인재무설계사(CFP, Certified Financial Planner)들이었다. 키코 공대위 활동을 눈여겨봤다면서 거리에 나가 데모를 하는 우리의 대응이 전문적이지 않다며 안타까워했다. 그도 그럴 것이 기업을 운영하던 오너들이 단체 행동을 해봤으면 얼마나 해봤을 것이며, 금융과 싸우고 있지만 금융 개혁을 위한 전문성은 당연히 턱없이 모자랐을 것이다. 전문가가 보기에 오죽이나 안타까웠으면 연락을 먼저 했겠나 싶었다.

나는 그들에게 양심 고백을 제안했다. 금융 파생 상품에 대한 해박한 지식이 있는 전문가로서 그 상품이 얼마나 위험한 것인지에 대해 세상에 알려 달라고 요청했다. 그러나 역시 먹고 사는 일이 문제였다. 양심 고백으로 금융권을 적으로 돌려버리면 당장 본인들이 이 분야에서 먹고 살기가 어려워진다는 솔직한 답을 내놓았다. 그

대신 그들은 내게 한 사람을 소개해주고 싶다고 했다. 금융분야에서 아주 유명한 인물이고 사회적 명망도 있어 본인들보다 훨씬 더 적극적이고 직접적인 도움이 될 것이라고 했다. 그들의 소개를 통해 만난 사람이 바로 제윤경 대표다. 지금은 더불어민주당 소속 국회의원이지만 내가 만났을 당시에는 재무 관련 사회적 기업인 에듀머니 대표였다. 제윤경 대표는 키코 사태를 이렇게 규정했다.

"키코 사태는 신자유주의의 탐욕이 그대로 노출된 사건입니다."

자유 경쟁이라는 신자유주의 속성상 힘 있는 놈이 덩치를 불려가며 작은 놈들을 계속 먹어치운다는 것이었는데, 말하자면 신자유주의는 힘 있는 자본가가 그보다 힘이 작은 자본가를 먹어치우는 구조라는 것이었다. 키코 사태는 큰 자본이 작은 자본을 먹어치운 대표적인 사건으로 보인다고 했다.

제윤경 대표를 만나기 전까지 나는 키코 사태를 금융이 기업을 속이고 기만한 사건으로 인식하는 정도에 그쳐 있었다. 그런데 제윤경 대표를 만나면서 이 문제가 단순히 금융 시스템의 문제가 아니라 신자유주의라는 더 큰 구조적 문제에서 기인했음을 알게 됐다. 흐릿했던 머릿속이 아주 선명해진 느낌이었다. 키코 투쟁을 지속할수록 원인을 알 수 없는 답답함이 가슴을 짓눌렀었다. 단지 금융 시스템이 아니라 이를 관장하는 더 큰 구조가 사건을 틀어쥐고 있다고 느꼈지만 당시 나로서는 그 형체를 정확히 알 길 없어 답답했던 것이다. 그런데 그를 만나니 명확해졌다. 신자유주의의 탐욕,

그것이 문제였다.

제윤경 대표를 만나 방문하게 된 곳은 참여연대였다. 방문은 당연히 처음이었다. 그런데 참여연대는 이미 내가 올 줄 알았다고 했다. 그 말을 듣고 적지 않게 놀랐다. 키코 피해 기업에서 찾아올 것이라 예상하고 있었다고도 했다. 키코 사태는 신자유주의의 탐욕에 의해 언젠가는 터질 사건이었다고 말하는 그들의 담담함에 또 한 번 놀랐다. 이 사건을 예상하던 이들은 대체 뭐 하는 사람들인가 싶었다. 알고 보니 참여연대에서는 이미 금융 시스템에 대한 논의와 대책 마련을 지속적으로 하고 있었다. 특히 서민금융에 집중해 거대 금융이 서민들에게 피해를 주지 않도록 하는 입법 발의, 법 개정 등의 논의가 활발히 진행되고 있었다. 신자유주의 시스템이 고도화될수록 힘없는 서민들이 피해를 당한 가능성이 많아진다는 것을 미리 알고 있었던 것이다. 나도 키코 공대위를 대표해 이 서민금융 대책 회의에 매주 참여하기 시작했다.

보통 우리가 착취·약탈구조를 얘기할 때 자본가와 노동자 사이에서 벌어지는 일을 떠올리는데 신자유주의는 아예 자본이 자본을 약탈하는 구조를 갖추고 있었다. 0.1%가 0.2%를 먹는 구조였다. 그런 의미에서 키코 사건은 금융 자본이 산업 자본을 먹어 더 큰 자본을 형성한 사건으로 신자유주의가 만든 전형적인 사고였다. 참여연대는 이를 막아보려고 아무도 알아봐 주지 않는 곳에서 애를 쓰고 자신들의 도움이 필요한 곳에 나서기를 주저하지 않는 단체였다.

솔직히 고백하자면, 한창 기업을 경영할 때만 해도 나는 참여연대가 소위 말하는 빨갱이집단인 줄 알았다. 그전까지 나는 보수 언론만 보던 사람이었으니 이런 오해를 하지 않기가 어려웠다. 그런데 내가 직접 만난 참여연대는 빨갱이가 아니었다. 그들은 적폐 시스템과 싸우는 전사들이었다. 부끄러웠다. 지금까지 기업을 일구는 데만 열중했지 사회 전반적인 시스템에 대한 이해는 부족했기 때문이다. 그래서 나는 참여연대에 이런 약속을 남겼다. 키코 사태의 결과가 좋든, 그렇지 않든 간에 키코 사태가 결론이 났다고 해서 금융 문제를 해결하는 데 발을 빼지 않겠다고 말이다. 자기의 일이 해결되면 관심이 사라지는 게 보통이지만 이 금융 문제는 키코 사태만으로 해결될 문제가 아니고 지속적인 관심과 참여가 필요한 만큼 나 역시 그 몫을 끝까지 분담하겠다고 했다.

마지막으로 잊지 못할 사람들이 민주사회를 위한 변호사모임, 민변의 변호사들이다. 민변의 변호사를 만난 내가 내지른 첫마디가 "이 사람들 대한민국 변호사 맞아?"였다. 내가 생각하는 변호사는 키코 소송에서 마주친 대형 로펌의 법 장사꾼들 그 이상도 그 이하도 아니었다. 그런데 이들은 달랐다. 민변 소속 변호사들은 사회 정의에 대한 신념이 확고했고 법조인이라는 자존심이 있었다. 돈벌이라면 영혼도 파는 모 변호사들과는 수준 차이가 너무 났다. 민변 변호사들이 아니었다면 키코 소송이 이만큼 진행되지도 못했을 것이고, 패소 후 피해 기업에 청구된 1억여 원의 소송비 역시 그대로 떠안아야 했을 것이다. 민변과 참여연대의 도움이 아니었다면 키코 사태의 공론화 역시 매우 어려웠을 것이기에 고마움이 크다.

박선숙 의원과 제윤경 대표, 참여연대와 민변의 변호사들, 이들이 없었다면 지금의 나도 없었음을 감히 고백한다. 이들은 키코 폭탄으로 정신적·육체적 건강이 무너지기 직전의 나를 구해낸 은인이자 키코로 인해 드러난 신자유주의의 적폐구조를 개혁하는 데 함께하는 든든한 동료이기도 하다. 이 사람들 덕분에 다시금 사회를 바라보는 눈이 떠졌고 내 인생에 가장 드라마틱한 변화가 생겼다. 수출기업인을 운명으로 알고 살았던 외길 인생에 새로운 물줄기가 하나 생긴 것이다.

비록 키코 소송에는 패소했지만 나는 이들과 함께 싸워 온 시간을 통해 '끝'의 의미를 새로이 세울 수 있었다. 키코를 통해 보게 된 탐욕자본주의, 법 장사치들, 부패한 사법부와 금융 마피아들, 이 모든 적폐구조와 세력들을 이 사회에서 퇴출하는 것이 진정한 끝이라는 것을 알게 됐다. 최종적인 대법원 판결이 있었음에도 내가 사회활동을 멈추지 않는 이유가 여기에 있다.

키코로 맺어진 인연들은 각자의 자리에서 하나의 목표를 향해 열심히 페달을 밟았다. 박선숙 의원은 집단 소송제, 징벌적 손해 배상제 등 이전에 없었던 강력한 소비자 피해 구제안이 담긴 금융소비자보호법을 발의했고, 제윤경 의원은 주빌리은행 운동으로 소멸시효가 지난 부실 채권을 소각해 빚에 허덕이는 수많은 국민을 구제하는 데 힘썼다. 참여연대와 민변은 사회적 약자를 생각하고 사회의 나쁜 구조를 개혁하는 전문가집단으로 여전히 활발한 활동을 이어가는 중이며 나는 참여연대 방문에서 약속했듯, 내 몫의 역할을 찾아 하기 시작했다. 그 출발이 바로 금융소비자협회(현 금융정의연대)의 창립이었다.

# 여의도를
## 점령하라

나는 우리나라를 사랑했다. 주변에 나만큼 애국심이 있는 사람을 찾아보기 힘들 정도로 국가에 대한 충성심과 애정이 유별났다. 적어도 이 땅이 노력한 사람들에게 그에 맞는 기회와 결실을 보장해준다고 믿었기 때문이다.

나는 변변찮은 자본으로도 내 꿈을 실현할 수 있도록 환경을 마련해준 대한민국 사회에 고마움을 갖고 있었다. 그런 사회적 분위기가 없었다면 무역인의 꿈을 이룰 수 없었을 것이다. 나는 국가가 없다면 나의 성공도 없다는 생각으로 해외에 나갈 때마다 국가의 품격과 자존심을 떨어뜨리지 않으려 매사 행동에 신경 썼고, 국가 경제를 견인하는 데 일조하는 비즈니스를 창출하려 누구보다 열심히 일했다.

내게는 글로벌 무대에서 뛰는 비즈니스맨일수록 국가에 대한 확고한 철학과 소신이 있어야 한다는 신념이 있었다. 매일 아침 국기에 대한 맹세와 애국가 1절을 제창하고 회의를 시작했으며 보수 일간지를 빠짐없이 챙겨봤다. 국가의 정책과 기조에 반하는 시위나 집회에 참여하는 것은 상상도 못 할 정도로 소위 보수적인 사람이었다.

그랬던 내게 '좌파'의 딱지가 붙었다. 2011년 10월, 세계 80여 개국가, 900여 개 도시에서 동시다발적으로 일어난 시위의 한국판을 내가 조직해 주도했기 때문이다. 시위의 타이틀은 '여의도를 점령하라'였다. 미국 월가에서 시작된 오큐파이(Occupy) 운동, '월가를 점령하라'의 한국판이었던 셈이다.

오큐파이 운동은 미국의 경제를 위기에 빠뜨려놓고는 온갖 인센티브 잔치를 열고 엄청난 퇴직금을 챙겨 나가는 월가 경영자들의 모습에 분노해 일어난 시위로, 미국 전역은 물론 전 세계로 확대되었다. 탐욕스러운 금융 자본가들의 천국인 한국에서도 예외일 수 없었다.

'여의도를 점령하라'는 '금융 수탈 1%에 저항하는 99%'라는 슬로건으로 40여 개 단체와 시민들이 참여해 여의도 금융위원회 앞에서 시작됐다. 보수 언론들은 앞다퉈 이 시위에 '좌파' 딱지를 붙였다. 이 시위로 인해 보수와 진보의 충돌이 예상된다는 등의 정치 집회 프레임을 씌워 시위 본질을 흐리기에 바빴다. 좌파 시위의 주동자로 공격당하는 내가 정작 평생 보수 언론만 봐왔던 자타공인 보수주의자였으니 저들의 공격에 헛웃음만 나올 뿐이었다.

나는 여전히 우리나라를 사랑한다. 글로벌 비즈니스맨은 국가에 대한 확고한 철학과 소신이 있어야 한다는 신념에도 변화가 없다. 다만 나는 우리나라를 사랑하는 방식을 바꿨을 뿐이었다. 애국가를 부르고 보수 일간지를 보는 대신, 내가 사랑하는 대한민국을 좀 더 정의롭고 살기 좋은 나라로 바꾸기 위해 행동하기로 한 것이다. 탐욕적인 금융에 의해 무너진 사회 정의를 바로 세우는 데 좌우가 어디 있고 보수, 진보가 어디 있겠는가? 당시의 시위를 정치 집회로 몰고 간 언론사들이야말로 국가의 미래를 생각하지 않는 매국집단이 아닌지 반문하고 싶다.

'여의도를 점령하라'는 지금은 금융정의연대가 된 금융소비자협회의 이름으로 참여했다. 2011년 3월에 창립된 금융소비자협회는 내가 조직하고 창립해 공동대표를 역임했던 첫 시민단체였다. 사무국장은 《금융의 배신》 저자인 백성진 씨가 맡았다. 그는 오랫동안 서민 금융분야 시민 운동을 해온 정통파 금융 운동가였다.

나는 키코 공대위 활동을 하면서 좀 더 큰 틀의 금융 소비자 운동이 필요하다고 생각했다. 하나의 사건을 해결하기 위해 모인 키코 공대위와는 다르게 시민단체 형태로 조직을 만들면 다양한 금융 피해자들의 구제방안을 모색할 수 있고 금융제도에 대해 집중적으로 감시와 비판을 할 수 있겠다고 판단했다.

금융소비자협회가 다른 시민단체와 다른 점이 있다면 시민의 모금으로 만들어진 단체가 아니라 기업이 돈을 내서 만들었다는 점이다. 협회의 씨앗이 되어준 기업은 대부분 키코 공대위 소속의 키코 피해 기업이었다. 키코 사태로 탐욕 금융의 민낯을 본 기업인들이었기에 금융 소비자 운동의 필요성을 그 누구보다 절감하고 있던 터였다.

금융소비자협회 창립을 준비할 무렵, 회사 살릴 생각은 하지 않고 엉뚱한 짓을 한다는 주변의 냉소도 있었다. 그러나 내게는 주변의 냉소에 대응할 여유도, 생각도 없었다. 나 스스로가 약탈 금융의 피해자였고 아직 터지지 않은 서민 금융 폭탄들이 도처에 널려 있었기 때문이다. 금융의 약탈 자본화현상이 점점 가팔라지고 있는 상황에서 많은 국민에게 이를 알리고 제어하는 운동이 그 어느 때보다 시급했다. 내게 냉소를 보내는 누군가도 탐욕스러운 금융에 의해 피해를 볼 수 있기에 남는 것 없는 말 대응보다 협회를 창립해 한 걸음이라도 빨리 움직이는 편이 나았다.

당시 금융소비자협회가 주도한 '여의도를 점령하라'의 열기는 대단했다. 40여 개의 단체가 함께하기도 했지만 생각지도 못한 인원이 거리로 나와 시위에 참여했다. 그만큼 금융에 억압당한 사람이 많았던 것이다. 한국판 월가 점령 시위는 금융 소비자들이 모여 권리를 주장하는 획기적인 계기가 되었다. 키코를 비롯해 금융 사고가 끊임없이 터지는 사이 계속 이 상태로 지내다가는 탐욕스러운 금융 자본가들에게 서민이 몰살당할 수 있다는 위기감이 사람들 사이에서 절로 공유된 것이다.

나는 여의도 점령 시위를 통해 정부에 5가지의 요구사항을 전달했다. 금융 공공성 회복, 금융 피해자들에 대한 피해 보상, 대통령 직속 금융소비자보호원 설립, 대안 금융 기관 육성, 그리고 금융 부패를 관리하지 못한 책임자 처벌이 그것이다. 키코 사태, 저축은행 사태, CD금리 담합 사건 등 금융의 약탈 대상은 기업, 개인을 가리지 않았으며 그 수법 역시 다양해지고 있는데도 정부와 금융 당국은 뒷짐만 지고 있었다. 이러다 다 죽기 전에 분노하고 행동하고 요구하자는 것이 여의도 점령 시위의 목적이었다. 금융 피해자들의 울부짖음을 정부가 그리고 많은 사람이 가슴으로 느껴주길 바랐다.

금융소비자협회는 한국의 금융사에서 유의미한 족적을 많이 남겼다. 은행과 카드의 수수료 문제를 수면 위로 끌어 올려 정부의 인하 방침을 받아냈고 제일저축은행 명의 도용 문제를 제기해 피해 보상을 받았다. 또한 저축은행 전반에 대한 검찰 수사를 끌어낸 것도 협회 활동의 소중한 성과였다. 저축은행 사태는 금융회사가 실물 경제를 지원하는 게 아니라 힘없는 서민들을 대상으로 자기 잇속 차리기에 열을 올리고 온갖 불법과 부당한 행위를 서슴지 않았던 대표적 사건이었다. 협회는 저축은행 사건의 심각성을 누구보다 먼저 알아채고 소송을 함께하며 문제 해결에 적극적으로 나섰다.

무엇보다 금융소비자협회가 남긴 가장 큰 성과는 사람들의 관심에서 멀리 떨어져 있던 금융분야를 주류 운동으로 바꿔놓은 것이다. 그동안 금융은 경제 활동을 하는 사람이라면 누구에게나 적용되는 보편적인 사안인데도 사회적 관심에서 벗어나 있었다. 금융이 다른 영역보다 복잡하고 난해해 '전문가'들만이 다룰 수 있는 영역이라고 여겨졌던 탓이다. 이에 금융소비자협회는 금융이야말로 모든 국민이 관심을 두고 정당한 주권을 요구해야 하는 분야임을 알리는 데 주력했으며 말 그대로 평범한 '금융 소비자'들의 행동과 참여를 이끌어냈다. 금융 소비자의 무관심 속에 탐욕스러운 자본가들이 자행하던 탈법행위에 제동을 걸만한 환경을 만들었다는 것에 그 의미가 남다르다.

우리 국민은 군부 독재를 타도하고 정치 민주화를 이룩한 숭고한 경험이 있다. 그때의 경험은 대한민국을 이끄는 자부심의 원천이 되었고 국격 상승과 경제 발전의 동력이 되어 세계 유수 국가들과 견줄만한 경제 대국을 만들었다. 나는 이전부터 우리나라를 자랑스럽게 여겨왔고 앞으로도 그럴 것이기에 우리나라 사회의 변화를 바란다. 이제는 양보다 질, 외형적 크기보다 내형의 구조적 문제를 따져야 할 때라고 생각한다. 내가 생각하는 좋은 사회는 1%가 비정상적으로 부와 정보를 독식하는 사회가 아니라 99%가 공정한 기회를 나눠 갖는 사회다. 그 속에서 정당한 경쟁이 이뤄지고 동반 성장이 이뤄지는 사회다. 그게 내가 생각하는 금융 민주화, 경제 민주화의 청사진이다. 지금의 1%가 독식하는 구조를 깨고 과감히 변화하지 않으면 힘없고 돈 없는 서민들은 금융 독재의 희생양이 될지도 모른다.

국민 없는 국가가 존재하지 않듯, 소비자들이 탐욕스러운 자본에 등을 돌리면 탐욕 자본주의도 불가능하다. 건강한 자본주의체제를 유지하기 위해서라도 탐욕과 탈법은 반드시 제재하고 퇴출해야 한다. 그러기 위해서는 87년 6월, 그때처럼 수많은 우리의 열망과 함성이 있어야 한다. 2017년 촛불 혁명의 우리가 다시금 나서야 할 때다. 이 땅을 사랑하는 당신, 이 나라의 미래를 이끌어야 하는 당신, 대한민국 시민인 당신이여, 우리 이제 함께 여의도를, 대한민국을 점령하자! 우리가 행동하면 세상은 반드시 바뀔 것이다.

▶ 롤링 주빌리 운동 창시자이자 '월가를 점령하라' 집행부 의장인 뉴욕대 경제학과 로스 교수를 접견하여 주빌리 운동의 원리와 참뜻을 교육받은 후 주빌리은행 창립 | 2015년 3월

# 3장

# 나에게 있어 '회사'의 의미

코막중공업은 나의 유년시절과 청년시절의 모든 경험과 고민이 만든 꿈의 집약체였다. 가난했던 유년시절을 지나 상업고등학교에 진학했던 일, 늦깎이 대학생이 되었을 때, 안정적인 직장을 그만두고 창업을 시작할 때도 모두 어려운 조건을 불사하고 내가 꿈꾸는 앞날을 위해 주저 없이 선택한 결과였고, 실패에 따른 책임도 두려워하지 않았다.

코막중공업은 한 사람이 자신의 삶을 최선으로 살아오며 다져놓은 꿈의 토대이자 (코막중공업의) 구성원들이 함께 키우던 100년의 미래였다. 그런데 키코는 100년의 꿈을 함께 꾸던 나와 구성원들의 미래를 앗아갔다. 내가 결코 키코 사태를 묵과할 수 없는 이유다.

# 아버지의 유산,
어머니라는 축복

불의의 사고로 긴 세월을 휠체어에 의지해 살아오셨던 아버지가 몇 해 전 겨울 소천하셨다. 보기 드문 강골에 성격이 짱짱했던 아버지가 하반신불수가 되어 쇠약해지는 모습을 바라보니 세월이 참 무상했다. 혈기왕성했던 아버지도, 걸음을 잃은 아버지도 이제 모두 역사의 뒤안길로 저물었다. 가난했던 어린 시절, 집안을 돌보지 않는 아버지를 원망도 많이 했고 좌절을 거듭하면서도 포기하지 않는 당신의 뜻이 이해되지 않던 시간도 많았다.

나의 아버지는 평생을 대의를 위해 사셨다. 당신에게는 생계보다 중요한 것이 있었다.

"나를 생각하기 전에 나라를 먼저 생각해라."

밥상머리에서 아버지가 입버릇처럼 하던 말씀이다. 푸성귀 몇 가지를 반찬으로 올려놓은, 한눈에 봐도 어려운 형편이 역력한 밥상을 두고도 아버지는 나라 걱정을 먼저 하셨다. 바깥일로 늘 바빴던 아버지였기에 유년시절 아버지와 마주 앉아 시간을 보낼 수 있던 자리는 밥상머리가 유일하다시피 했다. 밥상머리 교육이라는 말이 있듯이 당시 우리 집에서도 밥을 먹던 자리가 유일무이한 가정 교육의 현장이었던 셈이다.

아버지의 가르침은 늘 같았다. 나라가 있어야 내가 있다는 것이었다. 그러나 그 가르침의 뜻을 헤아리기에는 당시 내가 너무 어렸다. 개인의 욕심에 휘둘리지 말고 인생의 큰 뜻을 품으라던 아버지의 말씀이 그저 지루하기만 했다. 아버지가 당신의 뜻을 정치를 통해 실현하시려고 했음을 나는 조금 더 커서야 알았다. 그리고 그때 기세 좋던 한 사내의 처절한 절망도 함께 보았다.

불행한 시대였다. 1961년 박정희가 일으킨 5·16 군사정변으로 군사정권이 들어섰다. 박정희 정권은 야당 정치인의 정치 활동을 쉬이 허락하지 않았다.

아버지가 신민당에 몸을 담고 있던 1968년은 유신 선포를 앞두고 야당 정치인을 향한 탄압이 암암리에 감행되던 때였다. 아버지가 활동했던 곳은 내 고향이기도 한 충남 부여였다. 부여는 공화당을 창당했던 김종필의 지역구로 군부 독재정권에서, 그것도 집권 여당 총재의 지역구에서 야당의 젊은 정치인으로 활동하기가 녹록지 않았다. 아버지를 눈여겨본 공화당의 제안도 있었다. 넉넉한 정치 자금을 건네며 공화당 입당을 제안한 것이다. 그러나 아버지는 쿠데타로 정권을 찬탈한 사람들과는 함께할 수 없다는 배짱 좋은 대답과 함께 제안을 거절했다. 그 후 아버지의 정치 활동을 막으려는 자들의 움직임이 있었고, 아버지는 결국 국회의원 출마의 결심을 접었다.

아버지가 받은 상처는 너무 깊었다. 집안 어른들까지 들쑤시며 불출마를 종용한 상대편의 저열한 행위에 일생의 꿈이 부정당한 것은 곧 자신의 존재가 부정당한 것과 다름없었다. 그때 맺힌 한은 아버지의 여생을 지독히도 따라다니며 평생을 괴롭혔다. 희생을 마다하고 온몸을 다 바쳤으나 군사 독재정권이라는 시대의 폐단이 한 사내의 꿈과 삶의 활기까지 집어삼킨 것이다.

넉넉지 않은 가정 형편에 직면할 때마다 어린 나이의 나는 아버지를 원망했었다. 그깟 대의가 뭐기에, 정의가 뭐기에 우리 가족을 이렇게 힘들게 하나 싶었다. 식구들을 배불리 먹일 수 있다면 아버지가 불의와 조금 타협해도 되는 게 아닌가 생각했다. 그러나 아버지는 부당한 권력을 향해 당신의 반골 기질을 두려움 없이 드러냈다. 그것이 당신이 사랑하는 국가에 충성하는 방법이었고 당신이 생각하는 옳은 길이었다. 밥상머리에서 있었던 아버지의 나라 타령은 단순히 국가 자체를 위시한 것이 아니라 청렴하고 정의로운 세상에 대한 당신의 소신을 자식에게 전한 것이었다. 당신이 진정 개인의 이익과 영달을 위해 정치를 하고자 했다면 공화당의 제안을 받았을 것이다. 그러나 아버지는 결과가 불 보듯 뻔한 실패를 선택했다. 나는 아버지의 좌절을 두 눈으로 보고서야 당신의 선택이 얼마나 용기 있고 위대한 것이었는지 알았다. 아마도 그때 어린 내게서 어렴풋이 정의로운 세상에 대한 꿈과 열정이 싹트기 시작했는지 모른다.

나는 두 번의 좌절을 통해 아버지가 내게 남긴 유산을 받았다. 하나는 아버지의 좌절이고 또 하나는 나의 좌절을 통해서다. 아버지의 좌절이 있고 30년이 흐른 2008년, 나의 젊음을 바쳐 키워온 회사가 하루아침에 폭삭 주저앉았다. 믿을 수 없는 실패였다. 아이러니하게도 나는 좌절을 겪으며 내 인생의 그릇을 크게 키웠다. 거리로 나가 우리 사회를 좀먹는 금융 적폐들과 싸우게 되었으니 말이다. 만약 내가 하루아침에 밑바닥으로 추락하지 않았다면 이 사회의 부패한 권력자들이 어떤 해악을 끼치고 있는지 모르고 살았을 것이다. 대한민국의 민낯을 보게 된 나는 사업 재기를 도모하면서도 약탈적이고 착취적인 금융 시스템을 뜯어고치는 데 헌신하겠다는 목표를 세웠다. 인생 2막이 시작된 것이다.

나만 잘 먹고 사는 게 결코 잘 사는 게 아니라던 아버지의 가르침을 두 번의 좌절을 보고 겪은 뒤에야 나의 삶에서 실현하고 있는 요즘이다. 돌이켜 보면, 30년 전 아버지가 선택했던 인생의 항로가 아버지와 나 사이에 조그마한 물줄기를 내었던 것 같다. 그 작은 물줄기가 여울목마다 굽이쳐가며 아들인 내게로 내려와 큰 물길을 만든 것이다.

아버지가 싹 틔워준 정치적 감수성은 나의 좌절을 통해 성숙하고 꽃을 피웠다. 공정하고 정의로운 세상에 대한 열망, 그리고 세상을 볼 줄 아는 건강한 정치적 식견과 올바른 국가관을 갖게 해주신 것이야말로 아버지가 내게 남겨주신 귀한 유산이었다.

다정하지 못한 성격에다 늘 바빴던 아버지를 대신해 가정을 돌본 것은 어머니였다. 나를 낳아주신 어머니는 내가 초등학교 2학년 때 불의의 사고로 돌아가셨다. 어머니의 갑작스러운 부재는 어린 내게 적잖은 상처를 남겼다. 그래도 다행인 것은 새어머니가 우리 집에 오신 것이다. 새로 오신 어머니는 한창 어미의 손길이 필요하던 나와 형제들을 헌신적으로 길러냈다. 장성한 우리가 모두 각자의 자리에서 반듯하게 살 수 있는 것은 다 새어머니의 훌륭한 인품 덕이다.

새어머니는 어머니의 자리만 채워주셨던 게 아니었다. 돈 버는 데 소질이 없던 아버지의 자리까지 모두 당신 몫으로 담당하셨다. 어디 그뿐인가? 교통사고로 머리를 다쳐 하반신까지 마비가 된 아버지의 병시중을 29년 동안 하시며 당신의 젊은 시절을 다 보냈다. 나는 새어머니의 헌신으로 낳아주신 어머니를 잃은 상처에 새살이 돋았고 사랑에 대한 결핍이나 설움 없이 자랐다.

"나는 참 복이 많다."

내가 자주 하는 말이다. 가난한 유년시절을 보냈고 어머니도 일찍 여의었지만 그런데도 나는 복이 많은 사람이라고 생각한다. 나의 인생 역정이 마냥 평탄하고 행복해서 하는 말이 아니다. 오히려

신이 있다면 그 신은 내게 너무 가혹한 세상을 안겨주었다. 젊음과 맞바꾸며 일궈온 삶의 터전이 불시에 무너졌고 그로 인해 평범했던 일상이 나락으로 떨어지는 절망을 겪어봤다. 여전히 그 절망의 구덩이에 한쪽 발목을 잡힌 채 세상과 싸우고 있다. 그러나 만약 그런 경험을 하지 못했다면 진짜 복이 무엇인지, 행복한 삶이 어디에서 오는지 모르고 살았을 것이다.

내게 많다고 한 '복'은 모두 사람에게서 왔다. 살아오며 많은 것을 잃었지만 많은 사람을 얻었다. 사람은 내가 갖고 태어날 수도 없고, 갖고 싶다고 해서 가질 수 있는 것도 아니다. 그저 복이라고 말할 수밖에 없는 이유가 여기에 있다. 내게 그런 복이 있는 것이 얼마나 감사한지 모른다. 고단했던 내 인생의 골목마다 선물처럼 나타나 준 이들이 있기에 성장했고, 버텼고, 꿈을 꿨다. 그렇다. 나는 사람 복이 많다. 새어머니를 만난 것도 나에겐 인생의 큰 축복이다. 지금까지 살면서 단 한마디도 실수하시는 것을 보지 못했다. 딱 해야 할 말씀만 하시고 길게 설명하지 않으셨으며 간단명료하게 정리하여 말씀하신다. 그런 어머니다.

아버지는 당신이 꿈꾸던 세상을 끝내 만들지 못하고 돌아가셨다. 그러나 당신의 밥상머리 교육 덕분에 아들인 나의 삶이 달라졌다. 아버지는 불의한 구조에 맞서 홀로 외로이 싸웠지만 지금 내 곁에는 나를 위해 늘 기도하는 어머니가 계시고 나와 뜻을 함께하는 많은 사람이 있다. 그래서 희망이 있다. 아버지의 밥상머리 교육이 한

끼의 밥보다 중요했음을 너무 늦게 깨달은 못난 아들을 당신께서 하늘에서나마 부디 너그러이 봐주시길 바란다.

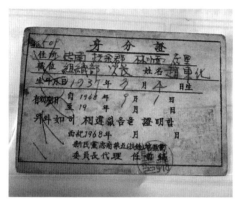

▶ 부친의 당원증

# 아스팔트와
## 누더기 영어사전

어린 시절이 줄곧 가난했던 탓일까? 나는 가능한 한 빨리 사회에 나가 돈을 벌고 싶었다. 학문으로 무장하는 것보다 사회 경험으로 내공을 쌓는 것이 무엇을 하든 더 경쟁력 있다고 생각했다. 그래서 상업계 고등학교 진학을 선택했다. 졸업 후 바로 취업할 수 있었기 때문이다.

우선 사회에 나가 뭐라도 배우고 싶었다. 나의 꿈과 희망을 실현해 나만의 세계를 만들고 싶다는 욕망이 있었다. 다시 학창시절로 돌아간다 해도 나는 여전히 같은 선택을 할 것 같다. 인문계 고등학교에 진학하고 소위 상위권 대학에 들어가 진로를 바꿔보겠다는 생각이 들지 않는다. 그때 당시의 모든 선택과 모습들이 지금의 나를 만들었기 때문이다. 만약 그때 내가 다른 것을 취했다면 무역인의 꿈도 갖지 못했을 것이고 실현할 수도 없었을 것이다. 고등학교 졸

업 후 취업했던 첫 회사와 그곳에서 만난 사람들 덕분에 나의 미래
가 구체적인 현실이 되었기 때문이다.

고등학교 졸업 후 가게 된 나의 첫 직장은 LG화학에서 가정용품
을 전담해 판매하는 사업체였다. 당시에는 나의 사수였지만 나중에
사업가로 변신해 크게 성공한 배정문 사장을 만난 곳이다. 입대를
기다리며 일하고 있는 내게 그가 말했다.

"자네는 세계를 무대로 꿈을 키워야 해."

대한민국이 아니라 세계를 무대로 놓고 꿈을 꿔보라는 말이었다.
선견지명이 있던 분이었다. 앞으로 정치적으로든 경제적으로든 국
가 간 장벽은 점점 낮아질 것이고 전 세계가 꿈의 무대가 될 수 있
다고도 말했다. 그는 나의 첫 사수이기도 했지만 내 인생 항로에 지
대한 영향을 미친 인생 선배이기도 하다. 내가 꿈꿨던 미래를 구체
적인 형태로 상상할 수 있게 만들어줬기 때문이다.

나는 그때 처음으로 공부에 대한 욕심이 생겼다. 성공하려거든 세
계 시장에 나가서 꿈을 찾아야 하고 그러기 위해서는 대학에 들어
가 체계적으로 공부하는 것이 좋겠다는 생각이 들어서다. 나는 사
수의 도움으로 군 입대를 미루고 2년간 회사를 다니면서 학비를 마
련했다. 그리고 1985년 무역을 전공하는 대학생이 되었다.

국제무역인이라는 구체적인 미래를 꿈꾸고 들어간 학교였기에
학과 공부에 대한 흥미가 누구보다 높았다. 남들보다 조금 늦은 만
큼 전념을 다 해 공부하고 싶었다. 그러나 나의 대학 생활은 강의실

에서 있던 시간보다 아스팔트 위를 뛰어다니던 시간이 더 많았다. 그런 시대였다.

박정희 정권이 무너지며 맞이했던 서울의 봄은 꽃을 피우기도 전에 전두환의 군홧발에 짓밟혔다. 12·12 군사반란으로 군권을 장악한 전두환과 신군부 세력은 1980년 광주를 짓밟았고 정권을 찬탈해 군사정권을 이어갔다. 전두환 정권에서도 재야인사에 대한 탄압과 학생 시위에 대한 강경 조치는 이어졌다.

전두환 정권의 잔인성이 드러난 단적인 예가 바로 박종철 고문치사 사건이다. 이 비극적인 사건을 계기로 민주화에 대한 열망이 국민 사이에서 번져가기 시작했다. 전두환 정권이 이를 막으려 내놓은 조치가 호헌 조치다. 87년 현행법에 따라 권력을 이양하겠다는 호헌 조치는 사실상 군사 독재체제를 이어가겠다는 뜻이었다. 군사 독재정권의 폭력과 부정부패에 신물이 날 대로 난 국민은 강력하게 반발했다. 전국에서 민주화를 요구하는 시민들의 요구가 들불처럼 일어났다. 그 정수가 바로 6월 민주화 항쟁이었다. 당시 대학생이던 나 역시 1985년도부터 민주화 운동에 뛰어들어 최루탄이 뿌려진 아스팔트 위를 정신없이 뛰어다녔다.

나는 매일 아침 거리로 나가 시위대와 함께 하다 밤이 늦어서야 겨우겨우 몸을 추스르고 집에 돌아오곤 했다. 그것이 내가 할 수 있는 일이었고, 내가 해야 하는 일이었다. 부당한 권력에 격렬히 저항하고 국민의 주권을 요구하는 일에 앞장서는 것이야말로 시대정신의 발현이자 실천이라 생각했다.

매일 밤을 최루탄 가스를 뒤집어쓴 채로 잠드는 나날이 이어졌다. 그사이 (당시 학생이었던) 이한열 열사가 최루탄을 맞고 쓰러졌다. 군부에 의해 희생된 열사들의 소식이 들리는 날이면 나는 더욱 이를 악물고 아스팔트 위에 섰다. 내 담력이 유달리 크거나 특별한 소신이 있어서가 아니다. 비정상의 정상화를 요구하는 대단히 상식적인 행동이었을 뿐이다. 본의 아니게 대한민국 질곡의 현대사를 관통하며 나는 처음으로 시민의 역할에 대해 생각하게 됐다. 직선제 개헌 수용을 골자로 하는 6·29 선언을 받아냈을 때 이 땅의 진정한 주인이 바로 우리였음을 실감했다. 끝나지 않을 것 같던 군사 독재 정권을 무너뜨리고 직접 민주주의가 가능한 사회로 만들었던 동시대인들에게 무한한 존경과 신뢰가 생겼으며 일제 강점기부터 잘못되기 시작한 대한민국의 역사를 바로 세우게 될 거라는 희망도 생겼다. 6·29 선언은 내가 기억하는 최초의 승리가 되어 이제부터는 이 나라가 공정하고 정의로운 사회로 나아갈 게 될 것이라는 확신을 안겨줬다.

아스팔트 위에 흘린 나의 땀과 눈물은 민주주의라는 이름으로 내게 되돌아왔다. 이른바 87년 체제로 들어서며 나는 시대에 진 빚은 어느 정도 갚았다는 생각에 안도했다. 그로부터 30년이 흐른 2017년에 촛불 혁명이 일어날지는 꿈에도 생각하지 못한 채, 완성되지 못한 민주주의로 인해 또다시 거리로 나가 서 있을 줄은 눈곱만큼도 예상하지 못한 채로 말이다. 그때 내가 완성했다고 생각한 민주주의는 너무나 빈약한 민주주의였다. 형식적으로 직선제 개헌이라는 정치적 민주주의는 이루었을지 모르나 경제적 민주주의는 이루지 못한 승리였다. 재벌 중심 경제구조와 세습되고 이양되는 기득권 세력의 부정부패를 끊어내지 못한 패착이 기업가로 승승장구하던 내 인생에 엄청난 좌절을 안겨줬고 젊은 세대들의 희망을 꺾어버렸다.

요즘 젊은이들 사이에 유행한다는 흙수저, 금수저 논란을 보라. 불공정 사회에 대한 젊은이들의 좌절과 열패감이 가슴 아프게 읽히지 않는가? 그렇기에 촛불 혁명으로 말미암아 새롭게 깨어난 대한민국은 이전의 정치적 민주주의를 넘어 사회 전반에 포진하고 있는 적폐들을 뿌리 뽑아야 한다는 것이 내 생각이다. 이번 기회마저 놓친다면 대한민국의 미래는 없다. 개인의 역량이 아무리 높다 한들 자본과 권력의 쏠림이 있는 기울어진 운동장에서는 돈 없고 뒷배 없는 사람들은 매일 밑바닥에서 허덕이게 될 뿐이다.

한때 나도 자신의 역량과 비전만 확실하다면 성공할 것이라고 생각했다. 어느 때는 성공했다고도 느꼈다. 내가 생각했던 성공적 삶이 하루아침에 무너질 수도 있는 허상인지 몰랐을 뿐이다.

독자적인 브랜드를 가진 기업가가 되기까지 내가 해온 노력은 참으로 눈물겨웠다. 시대의 부름으로 거리에 나서면서도 무역인이 되겠다는 꿈을 잃지 않으려고 부단히 노력했다. 낮에는 아스팔트 위에서 정의의 피를 태우고 집에 돌아온 밤에는 나의 꿈을 향한 실리의 피를 뜨겁게 태웠다. 시위로 인해 미진한 공부를 밤에 홀로 대신했던 것이다. 그 공부 중 하나가 영어공부였다. 무역인에게 있어 영어 실력은 필수였다.

상업고등학교 출신이었던 나는 영어에는 정말 문외한이었다. 고등학교를 다닐 때만 해도 영어는 나와 전혀 상관없는 세계의 언어로 생각했다. 영어를 따로 과외받을 만큼 돈이 많은 집 아이들이나 외교관 자제들이 할 줄 아는 언어 정도로 인식했으니 대학에 들어와 처음 영어를 마주했을 때 얼마나 막막했는지 모른다. 넘치는 자신감으로 대학에 입학했는데 첫 수업, 첫 교재, 첫 문장부터가 영어였다. 영어에 있어서 까막눈에 가까웠던 나였기에 엄청나게 당황할 수밖에 없었다. 무역학의 특성상 영어를 못하면 과락을 면치 못할 상황이었다.

나는 그 길로 학교 근처 서점에 가서 가장 두꺼워 보이는 영어사전을 샀다. 그리고 닥치는 대로 읽기 시작했다. 몇 번이고 반복해서 읽었다. 시위하느라 자정이 가까운 시간에 집에 들어왔을 때도 영어공부만큼은 꼭 하고 잠자리에 들었다. 하루 종일 소리치고 뛰어다니느라 온몸이 천근 같았지만 여기서 멈추면 미래가 없다는 생각에 지독하게 매달렸다. 시위를 매일 같이 이어가는 와중에도 영어공부를 하느라 새벽 3시 이전에 잠든 기억이 없을 정도였다.

공부도 해본 사람이 한다고 생전 영어공부를 제대로 해본 적 없으니 공부 방법은 무식할 밖에 없었다. 사전을 통째로 외운다는 생각으로 펼쳐 들고 한 장, 한 장, 내 것으로 만들었다. 아주 조금이라도 부족하다는 생각이 들면 다음 장으로 넘어가지 않았다. 그렇게 공부하다 보니 사전은 손때가 까맣게 묻다 못해 삭을 정도였다. 단어를 외우고, 문장을 만들고, 입 밖으로 소리를 내기 시작하고, 대화가 되는 순서로 나의 영어 실력이 쌓여갔다. 어느 정도 수준에 이르니 프리 토킹이 가능해졌다. 학교 다닐 당시, 나만큼 영어를 하는 친구를 찾아보기 힘들 만큼 독보적인 실력이었다. 그리고 내 예상은 맞았다. 영어 실력을 키워 놓으니 졸업 즈음 선택할 수 있는 회사의 폭이 확연히 넓어졌고 내가 원하는 무역분야에도 당당히 지원할 수 있게 됐다. 단 한 권의 영어사전으로 만들어 낸 감격적인 결과였다.

그때 공부하던 영어사전을 아직도 버리지 않고 쓰는 중이다. 이제는 누더기가 다 된 영어사전이지만 내 청춘의 시간을 오롯이 담고 있어 버리기가 쉽지 않다. 내게 영어사전은 열심히 노력하면 성공할 수 있다는 희망의 상징이었고 끝내 꿈을 이루게 해준 미래의 열쇠였다. 단순히 사전이라는 물건에 지나지 않고 나만큼이나 애써주고 견뎌준 고마운 존재와 같다. 누더기가 된 영어사전을 들여다볼 때마다 그때의 열정이 되살아나는 것 같은 기분이다.

지금도 이 사회 어딘가에서 과거 내가 했던 것처럼 눈물겨운 노력을 하고 있는 젊은이가 많을 것이다. 이들의 노력이 정당한 보상으로 돌아와야 하는데 지금 우리 사회를 지배하는 시스템이 젊은이들에게 가야 할 보상을 철저히 가로막고 있다. 불공정성이 확대되고 고착화가 되면서 소득 격차는 양극단으로 점점 벌어졌고 가진 것 없는 사회초년생들을 비정규직, 계약직 등등의 이름으로 불러가며 비상식적인 최저 임금과 열정 페이를 강요하고 있는 게 현실이다. 오죽하면 공시생이라는 신조어까지 생길 정도로 청년들이 공무원 시험에 몰릴까 싶다. 적어도 내가 젊었을 때는 희망이 있었다. 그 희망으로 도전도 하고 그랬다.

부의 대물림이나 불공정 사회가 지속된다면 대한민국에 미래는 없다. 젊은이들이 포기한 사회를 이미 늙어버린 세대가 일으킬 수 없는 일이다. 나는 그것을 확신한다. 그렇기에 나의 치부를 드러낼 수밖에 없는 이 책을 통해 기성세대의 반성을 이끌어 내고 미래세대에 희망을 주는 동시에 공정사회를 향한 사회 개혁을 요구하려는 것이다.

고백하는데, 6·29 선언 이후 민주 시민으로서의 역할을 다한 것으로 착각하고 개인의 경제적 성공에만 몰두한 시기도 있었다. 나의 경제적 성공으로 국가 경제에 이바지하는 것이 내게 남은 시민의 역할이라고 생각했었다. 그러나 불공정한 사회구조에 의해 멀쩡했던 회사가 쓰러지는 경험을 해보니 아직도 국가 개혁을 위해 내가 할 수 있는 일이 많다는 것을 알게 됐다. 덕분에 요즘 나는 낮에는 아스팔트와 씨름하고 밤에는 영어사전에 시달렸던 이십 대의 내 모습처럼 다시금 정의와 실리의 피를 동시에 태우며 살아가고 있다. 재기의 기지개를 켜기 시작한 회사의 경영에 매진하면서도 불공정한 사회구조를 고발하고 국가의 구멍 난 사회 보장 시스템을 채워 넣는 데 잉여의 시간 없이 내 시간을 온전히 쓰는 중이다.

이제야 내게 딱 맞는 삶의 균형을 다시 찾은 기분이다. 지금 생각해보면 아스팔트와 누더기 영어사전이 앞으로 펼쳐질 나의 인생을 예견했던 게 아닌가 싶다.

▶ 영어공부 독학으로 누더기가 된 영어사전

내가 대기업에
# 가지 않은 이유

내가 대학을 졸업할 당시만 해도 대학 졸업장만 있으면 먹고 사는 일은 걱정하지 않아도 됐다. 대학만 나와도 소위 대기업이라고 하는 직장에 들어가는 일이 어렵지 않았던 것이다.

산업화 시대가 개막된 1960년대부터 1980년대까지 30년간 연평균 경제 성장률은 지금의 10배에 달했다. 우리나라 경제가 초고속으로 성장하고 있을 때 사회에 나왔던 초년생들이 바로 나를 포함한 지금의 50대 이상 기성세대들이다. 내가 대학 진학을 목표로 하지 않고 사회 생활을 하겠다고 결심했던 자신감의 기저에는 어디든 젊은이들을 위한 일자리가 충분했던 사회 분위기가 있었다.

요즘 20대들을 단군 이래 최대 스펙을 갖춘 세대라고 부른다. 높은 학점에 어학연수는 필수처럼 되었고 유창한 외국어 실력, 각종 자격증과 봉사 활동, 하다못해 기업의 인턴 활동까지 기본 스펙으로 갖추고 있다고 하니 놀라울 따름이다.

　문제는 이런 청년들이 갈 만한 안정적인 일자리가 없어도 너무 없다는 것이다. 우리 때는 정규직이라는 말 자체가 없었다. 취직한 회사가 망하지 않고서야 누구든 마음만 먹으면 한 번 들어간 회사에서 뼈를 묻을 수도 있었다. 그러니 요즘 기성세대들 참 양심도 없다. 산업화 시대의 과실을 다 따먹고 젊은 세대들에게는 비상식적인 최저 임금과 비정규직이라는 불안한 자리를 미래랍시고 준비해 뒀으니 다들 부끄러운 줄 알아야 한다.

　우리보다 늦게 태어난 젊은 세대들이 이런 삶을 살아야 할 이유는 없다. 특히 지금의 부익부 빈익빈이 고착화가 된 경제구조와 질 낮은 일자리에 대해서는 재벌 대기업과 기득권들의 책임이 크다. 국가의 공적 자금, 금융 지원 등등으로 경기가 어려울 때마다 살아남았던 그들이 초저성장 시대에 들어와서는 사내에 유보금을 잔뜩 쌓아두고 정경유착의 대명사격이 되었으니 한심한 노릇이다. 국민의 세금으로 일어선 재벌 대기업들이 분배와 동반 성장에 대해서는 일말의 양심과 책임을 갖고 있지 않은 상황에서 대기업 성장으로 경제 낙수효과를 기대하겠다는 말 자체가 어불성설이다. 나는 이런 재벌 대기업이 이끌 우리나라의 미래에 대한 청사진을 거둔 지 오래다.

　대기업들이 모여 있는 어느 거리나 마찬가지겠지만 내가 있는 여의도에도 점심시간마다 식사를 위해 거리로 쏟아져 나오는 젊은이가 많다. 거리에서 젊은 친구들과 마주칠 때마다 다들 대기업 사원임을 증명하는 ID카드를 목에 걸고 다니는 모습이 인상적이다. 그런데 그 어렵다는 취업난을 뚫고 취직해 사회 생활을 하는 모습이 대견하기도 하면서도 젊은이들의 목에 걸린 저 사원증이 지금 우리 사회에서 갖는 상징적 의미가 떠올라 마음 한 편이 씁쓸하다. 언제부턴가 청년세대들이 대기업에 취직하는 것이 유일한 신분 상승의 지표가 되어버린 세상에서 살고 있다. 저들의 목에 걸린 사원증은 단순히 회사 ID카드가 아니라 계급 사회의 신분을 상징하는 신분증이 다름 아닌 세상인 것이다.

지금 20대들에게는 대기업 취직이 최선의 선택이 되었지만 내가 취업을 준비할 때만 해도 대기업 취직은 최후의 선택이었다. 각자의 꿈에 따라 창업을 하거나 외국계 회사 또는 전문성 있는 중소기업을 찾거나 했고 그도 아니라면 안정성 있는 대기업에 취직하는 방법도 있다는 정도였다. 하지만 불과 20년 만에 젊은이들의 개성 있는 미래가 실종되어 버렸다. 산업화와 경제 성장에 일말의 혜택을 봤던 나로서는 작금의 현실이 젊은이들에게 그저 미안하고 가슴 아프다.

내가 취직을 고민할 때 가장 우선순위로 생각했던 것은 '어떻게 하면 좀 더 빨리 내가 하고 싶은 일을 배울까?'였다. 당시만 해도 프리 토킹이 가능한 수준으로 영어를 할 줄 아는 사람이 드물었기에 나는 영어 실력 하나만으로도 입사 시험을 봤던 모든 기업에 합격

했다. 지금 젊은 사람들은 이해할 수 없겠지만 나에게 대기업 취업은 가장 마지막 선택으로 남겨져 있었다. 대기업에 취직하면 안정적인 생활을 할 수 있을지는 몰라도 그곳이 내 가슴을 뜨겁게 하는 꿈의 현장이 아님은 분명했다. 그래서 우선 선택한 곳이 무역진흥공사, 지금의 코트라(KOTRA, Korea Trade-Investment Promotion Agency)였다. 국제무역인의 꿈을 이루려면 해외 시장에 직접 나가보는 것이 우선적인 과제였으니 아무래도 국가적 차원에서 무역 진흥을 담당하는 기관에 들어가면 해외 시장 경험의 기회가 더 많을 것 같았다. 그런데 이게 웬걸, 나보다 먼저 코트라에 취업한 선배를 만나 업무 현황을 물어보니 10년간 해외 출장을 한 번도 못 갔다는 것이 아닌가? 해외 시장을 직접 경험하고 싶다면 절대 들어오지 말라고까지 말해줬다.

그 소리를 듣고 나는 과감히 코트라 시험을 포기했다. 그리고 졸업 전에 경험을 잠시 쌓기 위해 음향기기회사에서 무역업무를 경험한 다음, 당시 굴지의 건설회사 해외수주팀에 합격하여 입사를 기다리다가 신문에서 해외주재원을 파견한다는 모집공고를 발견하게됐다. 요즘이야 해외여행 자체가 보편화가 됐지만 그때만 해도 외국에는 아주 극소수의 사람들만 다녔다. 그래서 해외주재원으로 파견을 해주는 회사가 굉장히 드물었다. 나는 망설이지 않고 지원했다. 해외 시장에서 승부를 낼 수 있는 노하우를 쌓으려면 직접 체험하는 것만큼 빠른 길이 없었다. 언젠가 나만의 비즈니스를 하고 말겠다는 강력한 꿈이 없었다면 선택하지 못했을 것이다. 하루라도 빨리 해외에 나가 현장을 보고 싶던 내게 주재원 파견은 최고이자 최적의 조건이었다. 그렇게 나는 나의 꿈을 이루기 위한 첫 단추를 아프리카에서 꿰었다.

담당업무는 주로 외환 관리였지만 아프리카 나이지리아의 라고스를 주무대로 아프리카 무역 시장을 개척하고 그들의 문화를 경험했던 시간은 그로부터 몇 년 뒤 내 사업을 성장시키고 확장시킬 때 정말 귀한 자산이 되었다. 나의 선택이 헛되지 않았다는 것이 증명된 셈이다.

하지만 모든 일이 그렇듯 당장의 상황에서 미래를 내다보기는 쉽지 않다. 직면한 하루하루가 힘겨울 뿐, 이것이 자산이 되리라고 생각하는 사람은 많지 않다. 나 역시 꿈을 이루기 위해 선택한 주재원 생활이지만 아프리카에서 생활하는 것은 녹록지 않았다. 더구나 담당하는 업무가 업무인 만큼 많은 현금을 들고 치안이 불안정한 곳을 지나야 해서 극도의 긴장으로 매일 진이 빠졌다.

조마조마하게 시간을 보내던 중 결국 일이 터졌다. 긴장한다고 했지만 마음먹고 달려든 불운을 당해낼 재간이 없었다. 현금을 들고 차로 이송하던 중 무장 괴한에게 포위된 것이다. 무장 괴한들은 차에 올라타 내 관자놀이에 총구를 들이밀었다. 나는 갖고 있던 모든 현금을 죄다 빼앗겼다. 나이지리아 현지인이었던 운전기사가 기지를 발휘해 겨우 목숨만은 구할 수 있었다. 그가 아니었다면 내 운명은 총소리와 함께 끝났을 것이다. 무장 괴한의 테러 사건 이후 나는 아프리카 주재원 생활을 접었다. 가족들의 걱정이 극심했고 나 역시 절체절명의 위기를 겪고 나니 맥이 풀려 더는 버텨낼 자신이 없었다.

해외 생활의 경력은 수많은 기업에서 러브 콜을 받는 계기가 되었다. 그중에서 선택한 회사가 굴착 장비를 제조하여 현대중공업과 코업(Co-Op)하는 굴지의 중견기업이었다. 그 회사에서 영업을 담당하면서 신시장 개척에 열을 올리며 수십 개국을 돌아다녔다. 출장 두 달을 다녀오면 체중이 5킬로그램씩 빠져 있었다. 영업망을 구축하는 것이 내가 하는 일이기도 했지만 나는 중장비에 들어가는 작은 부품 이름부터 설계과정, 제조과정까지 모두 조사하고 다녔다. 어디 그뿐인가? 업계에 도는 작은 소문까지 놓치지 않으려고 밤낮을 돌아다녔다. 제품과 시장을 제대로 파악하지 못한 사람이 영업을 잘할 리가 만무했기 때문이다.

나의 이런 극성은 영업 실적으로 이어졌고 회사에서 내게 거는 기대가 점점 커졌다. 나는 점점 회사의 중책을 맡는 사람이 되어가고 있었다. 말하자면 거래처를 개발하는 일이 줄어들고 관리자가 된 것이다. 일본하고만 거래하던 인도의 타타그룹을 한국으로 데리고 온 이후, 나는 이제 나를 키워주고 배려해준 회사를 떠나 나만의 일을 하기로 결심했다. 어느덧 나는 33살의 가장이 됐다.

'지금 가슴 뛰는 일을 하고 있는가?'

나는 홀로 고개를 내저었다. 내 기억은 그럴 줄 알았다는 듯이 대학 졸업 후 사회에 첫발을 내딛던 나의 열정과 패기를 소환했다. 평범한 삶이 주는 편안함이 싫었던 것은 아니지만 흥분되고 진취적인 삶이 그리웠던 것도 사실이었다. 결단이 필요한 순간이었다.

# 250만 원으로 시작한
## 코막중공업

"더 늦기 전에 내 사업을 해야겠어."

늦은 밤, 나의 퇴근을 기다리던 아내에게 말을 꺼냈다. 내가 벌어다 주는 적은 월급으로 알뜰하게 살림을 하는 아내 덕에 아파트 한채를 갖게 된 지 얼마 안 됐을 때였다.

말이 좋아 내 사업이지 아내 입장에서는 남편이 안정적인 직장생활을 관두겠다는 말과 다름없었다. 그러나 나의 아내는 전적으로 나의 뜻을 존중해줬다. 남편의 기질을 누구보다 잘 알고 있는 사람이었다.

나는 절대로 가족들을 굶게 하지 않겠다는 약속을 했다. 그게 내가 할 수 있는 최선의 약속이었다. 나의 꿈을 이루겠다는 빌미로 가족들의 희생을 강요하고 싶지 않았다. 그렇다고 불확실한 미래를 앞두고 부귀영화를 안겨주겠다는 허세를 부리고 싶지도 않았다. 그래서 가족들의 먹고사는 문제만큼은 책임지고 해결하겠다는, 과하지도 덜하지도 않은 목표를 최우선으로 세웠다.

"과한 목표는 세우지 않되 실행 가능한 목표는 반드시 이룬다."

이는 다만 내 인생뿐 아니라 사업을 할 때도 반드시 지켰던 원칙이다.

창업을 하겠다고 선언하고 회사에 사표를 내고 보니 운용할 수 있는 돈이라고는 250만 원이 전부였다. 아파트 한 채가 있었지만 담보로도 쓰지 않기로 했다. 창업의 성패가 자본에 있지 않다는 확신이 있었기 때문이다. 나는 단계적이고 실행 가능한 목표를 세워 그것에 다다르는 데 집중하기로 했고, 처음부터 무리한 자본의 투입은 과정 중에 있을지 모를 실패의 리스크를 더할 뿐이라고 판단했다. 내가 가진 250만 원 안에서 어떻게든 승부를 봐야만 했다.

사실 당시 250만 원은 공장은커녕 변변한 사무실 하나 얻기도 힘든 돈이었다. 그래서 지인 두 명과 힘을 합쳤으나 두 달도 못 가 의견 차이로 헤어진 후 내 수준에 맞춰 작은 사무실을 얻었다. 사업 아이템을 정하고 직원 채용 공고를 냈지만 아무도 오지 않았다. 직원이라고는 사장 하나만 덜렁 있는 회사 규모에 지레 겁먹고 다들 올 생각을 안 했다.

나는 회사에 비전이 있다면 고생스러워도 바닥부터 시작하면서 배우고 회사를 키워보겠다는 의욕이 있었다. 그동안 작은 회사 입사에 일말의 망설임이 없었던 것도 그런 이유였다. 말하자면 그때 내 정신이 지금의 벤처 정신이었던 셈이다. 요즘은 벤처기업이란 말도 흔히 쓰이고 벤처 정신이 젊은 친구들 사이에 긍정적으로 작용하지만 내가 창업을 준비하던 90년대만 해도 굉장히 생소한 개념이었던 것 같다.

처음부터 무언가를 내 손으로 만드는 것보다 남이 자리 잡아 놓은 곳에 들어가는 일은 물론 쉽고 편하다. 하지만 그 일은 끝내 내 것이 될 수 없다. 나는 나를 비롯해 회사와 함께하는 전 직원이 각 분야의 스페셜리스트(Specialist)가 되길 꿈꿨다. 그러기 위해서는 밑바닥 공사부터 시작해 하나씩 벽돌을 쌓아 올려야 하는 지난한 과정을 거쳐야만 하는 것이다.

아쉽게도 내가 막 창업을 했을 당시에는 뛰어드는 사람이 없었다. 오히려 저러다 망하지 않을까 하는 우려의 시선이 더 많았다. 회사의 규모와 창업자금의 왜소함으로 비웃음과 무시를 당할 때마다 나는 속으로 회심의 미소를 지었다. 나는 이미 성공의 법칙을 알고 있었기 때문이다. 그 법칙을 따라가는 과정에서 당하는 모멸쯤이야 아무래도 괜찮았다. 꿈이 있으면 목표가 생기고, 목표가 있으면 아이디어가 나오고, 아이디어가 나오면 실행을 하게 되고, 좋은 아이디어를 발전시켜 실행하면 성과가 나온다. 이 단순한 법칙이 내가 가진 한방이었다. 끝없는 아이디어 수립과 실행을 통해 나만의 장르만 만들 수 있다면 성공은 당연했다. 나는 이 법칙에 따라 국제무역인이라는 꿈을 갖고 나만의 사업을 만들겠다는 목표를 세웠다.

독자적인 장르를 개척하기 위해 온갖 아이디어를 떠올렸고 모두 실행해봤다. 당연히 실패하는 경우가 많았다. 하지만 그럴수록 아이디어가 다듬어졌고 실패의 확률도 줄어갔다. 이 과정을 반복하다 보면 수십 가지의 아이디어 중에 딱 맞아 떨어지는 킬러 콘텐츠가 생긴다. 그때 드디어 나만의 장르가 생기는 것이다. 나는 이 법칙을 우직하게 믿고 따랐다. 거듭되는 아이디어 실행 실패에도 나만의 비즈니스를 창출하겠다는 목표를 단 한 순간도 가슴에서 내려놓지 않았다. 1997년, 코막중공업은 그렇게 시작됐다.

창업에 성공하려면 2가지 조건이 필요하다. 하나는 기술력이고, 또 하나는 자본력이다. 처음 코막중공업을 시작했을 때 나는 그 2가지 조건 모두 갖고 있지 않았다. 그럼에도 불구하고 코막중공업은 출항에 성공했고 독자적인 브랜드로 글로벌 시장에 당당히 등장했다. 내게 2가지의 다른 카드가 있었기에 가능했다. 사업을 시작할 때 남들이 이미 하고 있는 일을 하게 되면 자본력에서 밀리게 된다. 출발 선상부터가 다른 상황에서 앞서 시작한 경쟁업체를 잡으려면 그만큼의 더 큰 자본이 필요하기 마련이고, 자본력에 밀리다 보면 앞선 업체의 꽁무니를 쫓는 데 허덕이다 끝나기 십상이다. 또한 특별한 기술력이야말로 기업의 미래를 보장하는 담보 같은 것인데 이제 막 시작한 신생 기업이 경쟁력 있는 기술을 갖고 있을 리 만무하다. 만약 갖고 있다 해도 그것을 팔리는 상품으로 만들기까지 들어가는 시간과 돈에 쪼들려 빛을 보기 힘든 게 현실이다.

자본력도, 기술력도 갖고 있지 않았던 나는 대신 2개의 다른 무기를 장착했다. 영업력과 집요함이 그것이다. 아무리 자본이 많고 기술이 있어도 영업이 되지 않으면 이익이 나지 않는다. 내게는 바로 그 영업력이 있었다. 중장비업계에 발을 딛자마자 시작한 영업업무로 이미 잔뼈가 굵어져 있었다. 나의 영업력은 이미 업계에서 명성을 얻고 있던 터였다. 영업에 있어서만큼은 경쟁에서 이길 자신이 있었다.

내가 갖고 있던 또 하나의 무기인 집요함은 사실 말이 좋아 집요함이지 한 번 꽂히면 끝까지 물고 가는 나의 지독한 구석을 말한다. 나는 어떤 상황이든 남들이 보지 않는 곳까지 파고 들어가서 내 눈으로 보고 말아야 직성이 풀렸다. 나의 이러한 집요함은 어떤 불리한 조건에서도 상황을 돌파해나가는 자생력이 되기도 했고 때에 따라서는 선견의 능력이 되기도 했다. 나는 자본과 기술 대신 나만의 아이디어와 영업력, 그리고 집요함을 믿고 회사의 명운을 걸어보기로 했다.

나는 사업의 첫 아이템으로 중장비에 들어가는 작은 부품을 선택했다. 아무도 거들떠보지 않았던 작은 부품이었다. 내가 업계에 뛰어들 당시 중장비를 제조하는 회사는 시장에 이미 많이 있었다. 내게는 중장비 제품을 제조할 수 있는 기술과 자본이 없었고 이미 시장이 형성되어 있었기 때문에 똑같은 기술로 만들고 자본을 끌어모은다 한들 후발주자로 뛰는 것이라서 경쟁에서 뒤처질 게 뻔했다.

그때 내 눈에 띈 것이 바로 중장비에 들어가는 작은 부품이었다. 남들이 보지 않는 세밀한 곳까지 집요하게 들여다본 덕분에 발견한 아이템이다. 그 부품을 만들어 직접 유통하면 이익을 낼 수 있을 것 같았다. 덩치가 큰 부품을 만들어 팔면 더 큰 이익이 나겠지만 당장의 비즈니스 규모에 맞지 않았다. 나는 실현 가능한 수준에서 수주, 생산, 납품의 한 사이클을 돌려보기로 했다.

내 눈에 띈 부품은 개당 몇십만 원 내외로 단가가 낮은 부품이었다. 당시에는 메이드 인 저팬(Made in Japan) 제품이 부품 시장을 꽉 잡고 있어서 업체들 대부분이 그 부품을 일본에서 수입하고 있는 상황이었다. 이거다 싶었다. 메이드 인 저팬(Made in Japan)에 맞서 내 영어 이름을 붙여 메이드 바이 마이크 조(Made by Mike Cho)의 전략을 세운 것이다. 이 제품을 국내 생산으로 돌리고 유통에서 주도권을 잡으면 제조 비용을 낮추면서도 유통 마진을 남길 수 있겠다는 계산이 섰다. 나는 사우디아라비아의 거리를 누비면서 일일이 소규모 판매점을 방문해 부품을 보여주며 설명했다. 당장 영업에 뛰어든 것이다. 참 용감했다. 주문을 받아와도 생산할 돈이 없었다. 하지만 주문과 동시에 모든 일이 시작되기에 다른 선택이 없었다. 도전 없이는 결과도 없는 법이다.

수없이 문전박대를 당했다. 이름도 없는 신생회사였고 제품을 생산할 공장도 없었으니 당연했다. 그러나 나는 찾아가고 또 찾아갔다. 단순하지만 끈기가 필요한 과정이었다. 그리고 마침내 첫 거래를 텄다. 거래의 조건은 다음과 같았다.

"일본에서 받아오는 단가보다 20% 낮은 단가로 부품을 제공하겠다. 대신 천만 원 단위의 대량 구매를 조건으로 하고 납품 전에 돈을 먼저 달라."

부품을 사는 업체 입장에서는 말이 안 되는 조건이었다. 업체는 주문한 부품을 받고 나서 우리 회사에 돈을 지급하는 것이 당연한 과정이었다. 하지만 나는 돈을 먼저 주면 그 돈으로 생산을 해서 주겠다는 조건으로 거래를 성사시켰다. 이 말도 안 되는 거래가 어떻게 가능했느냐고? 마이크 조(Mike Cho)식으로 해서 그렇다.

먼저 나는 내가 처한 상황을 솔직하게 오픈했다. 당신이 돈을 먼저 줘야 제품 생산이 가능하다는 사실 말이다. 당연히 업체는 펄쩍 뛰었다. 그런 전례가 없을뿐더러 뭘 믿고 돈부터 주느냐는 것이다. 대신 나는 2가지 조건을 내걸었다.

첫째, 나와 첫 거래를 튼 당신과 평생 파트너로 가겠다.

둘째, 부품 가격을 시시때때로 올리지 않고 시스템에 의한 안정적인 가격으로 지속적으로 제공하겠다.

결론부터 말하자면 나의 이 전략이 통했다. 부품을 일본에서 수입해 쓰다 보니 환율에 따라 단가가 불규칙적이고 변동성이 커서 업체에서도 골머리를 앓고 있던 터였다. 그런데 나의 제안을 받아들인다면 사업의 수익성과 안정성을 동시에 잡을 수 있다. 아무도 손해 보지 않는 거래였으니 성사가 안 될 이유가 없었다. 나는 그렇게 한 푼의 빚도 만들지 않고 사업을 시작했다. 업체에서 미리 받은 돈으로 공장을 찾아가 제품 생산을 부탁하고 생산된 부품을 납품까지 하니 순이익이 나왔다. 그렇게 몇 사이클을 돌리면서 업체와 공장에 코막중공업의 신뢰가 쌓였고 나중에는 우리 회사에서 직접 공장도 운영하고 사업을 확장할 수 있는 기반을 만들었다.

집요함으로 아이템을 발굴하고 영업력으로 거래를 뚫는 비즈니스 모델은 나만의 특화된 장르가 되어 이후 코막중공업이 법정 관리를 벗어나 재기하는 데도 매우 유용하게 쓰였다. 내가 만들어 낸 방법이 나를 살리는 유일한 방법이었다고 해도 과언이 아니다. 내가 계속해서 나만의 장르가 있어야 한다고 강조하는 이유가 여기에 있다. 직접 경험해보니 필요하더라는 것이다.

물론 모든 사람이 나와 같은 방식으로 할 수 없다. 하지만 현실은 알 필요가 있다. 지금 우리 사회는 창업으로 성공하기도 어렵지만 실패한 후 재기하기는 더 어렵다. 실패자라는 낙인만 찍을 뿐 국가적으로 패자 부활을 돕는 제도나 시스템이 없다. 이미 한 번의 실패로 자생 능력이 떨어진 사람에게 알아서 성장해 다시 시장에 나가 경쟁하라는 것은 말이 안 되는 논리다. 그런데 지금 우리 사회가 그런 말도 안 되는 논리에 따라 돌아가고 있다.

그래서 우선은 각자도생의 방법으로 숨을 붙여 놓고 있으라는 가슴 아픈 당부를 남기는 것이다. 단, 제각기 알아서 버텨야 하는 지금의 절망적인 상황이 지속되지 않도록 나를 비롯한 실패의 선배들

▶ 이라크의 코막중공업 제품 쇼룸 | 2008년

▶ 세계 최대 중장비 전시회 일정 중 전 세계에서 모
인 코막중공업 딜러들과의 만찬 | 2016년 3월

▶ 2005년 요르단 암만에서 주요 인사
300여 명을 초청하여 신제품 시연
회 개최

이, 더불어 삶의 가치를 아는 뜻있는 사람들이 재도전이 가능한 사
회를 만들기 위해 여러 방면으로 애쓰고 있다는 것을 밝혀둔다. 우
리의 움직임이 헛되지 않는다면 더 많은 사람이 실패에 대한 두려
움 없이 창업하고 사업의 도약을 위해 도전하는 데 과감히 뛰어들
수 있을 것이다.

# 신뢰의 다른 이름,
## 리콜

코막중공업이 만든 제품은 국내보다 해외에서 인기가 더 좋았다. 내가 들고 나간 작은 부품은 30개국으로 팔려 나갔다. 마이크 조 (Mike Cho)가 영업하는 제품은 품질도 좋고 마감도 잘 지킨다는 소문이 업계에 파다하게 퍼졌다. 확실한 품질과 관리에 대한 신용에 힘입어 조금 더 큰 부품을 만들었다. 역시 반응이 좋았다.

해외 바이어들 사이에서 코막중공업이라는 이름이 익숙하게 들려왔다. 이대로 회사를 유지해도 성장을 기대할 수 있을 만큼 안정적인 매출이 나왔다. 하지만 나의 꿈에 이르기에는 한 스텝 부족한 수준이었다. 나는 한국을 대표하는 중장비 회사를 만들겠다는 신념으로 회사 이름을 코막중공업(Korean Hydraulic Machinery)으로 지었다. 코막중공업이라는 독자 브랜드로 수출 중장비를 만드는 최종적인 꿈이 있었던 것이다. 나는 본격적으로 회사 이름에 실어 놓았던 꿈을 실현해 보기로 했다. 그때를 위해 꾸준히 중장비에 대한 연구와 개발을 해둔 터였다. 그렇게 코막중공업은 하나의 완성된 중장비 어태치먼트(Attachment)를 만들어 국제무대에 나섰다.

우리가 독자 설계를 한 건설 중장비 제품을 선보이자 세계 각국에서 주문이 쏟아졌다. 우리의 주력 상품 중 하나가 유압브레이커였다. 한 대당 수출 가격이 2,000만 원이나 가는 제품인데도 리비아 거래처가 150대나 사 갔을 정도로 이 장비는 특히 아프리카와 중동 지역에서 인기가 많았다.

그런데 2005년, 리비아에 납품을 마치고 얼마 지나지 않아 단 한 번도 받아본 적 없는 클레임(Claim)이 걸려왔다. 리비아에서 걸어온 클레임은 상상하지도 못했던 내용이었다. 브레이커를 지지하고 있는 철판 구조물이 자꾸 깨진다는 것이다. 처음에는 믿지 않았다. 코막중공업의 명성을 따라올 브랜드가 몇 되지 않았을 정도로 제품 품질에 있어서만큼은 누구보다 자신이 있었다. 그때까지 무수한 제품을 수출했지만 클레임이 걸려온 적은 단 한 번도 없었으니 덜컥 믿기지 않았다.

그러던 중 리비아에서 갑자기 거래를 중단했다. 나는 그제야 사태의 심각성을 깨닫고 리비아에 방문하겠다고 연락했다. 기대에 미치지 못하는 제품의 품질도 그렇지만 나의 기민하지 못한 대응에 단단히 실망한 리비아 쪽에서 아예 나의 입국 자체를 거부했다. 그렇다고 손 놓고 가만히 있을 수 없었다. 도무지 원인을 알 수 없던 나는 그 지역의 돌이나 지반의 굳기가 유별나게 센가 싶어 리비아를 둘러싼 모든 나라를 돌아다니며 지질적 조건을 확인하기 시작했다.

분명 우리 제품에 문제가 있었다. 리비아가 아닌 다른 나라에서도 철판이 깨지는 현상이 발견된 것이다. 딜러들은 물론 회사 내부에서도 난리가 났다. 그간 쌓아온 신뢰가 한 번에 무너질 수도 있는 상황이었다. 그때 제품을 설계했던 설계담당자가 본인의 실수를 발견하고 급히 내게 알렸다. 설계담당자의 인정이 아니었다면 나를 비롯한 비전문가들은 끝까지 원인을 몰랐을 정도로 대단히 기술적인 분야의 결함이었다. 원인을 몰랐던 것도 아니고 우리의 실수인 것이 확인된 이상 그냥 덮고 갈 문제는 아니었다. 나는 전량 리콜을 결정했다.

코막중공업과 다시는 거래하지 않아도 좋으니 문제 있는 제품은 다 바꿔주겠다는 뜻을 리비아에 전했다. 그리고 150대 전량에 대한 리콜을 시행했다. 만약 내가 끝까지 원인을 모른 척했다면 리비아에 있는 고객들은 문제의 원인을 몰랐을 수 있다. 잠깐의 기만으로 사안을 넘겼다면 대규모 손실을 막을 수 있는 문제였다. 그러나 나는 그렇게 하지 않았다. 내가 잠깐 행복해지자고 고객에게 고통을 줄 수는 없었다. 그리고 무엇보다 신뢰의 문제였다. 특히나 비즈니스 관계에 있다면 둘 사이에 신뢰가 생기기까지는 엄청난 시간과 노력이 필요하지만 깨지는 것은 한순간이다. 손해를 본 돈은 다시 벌 수 있지만 신뢰는 절대 돈으로 되돌릴 수 없다. 비록 리비아와의 거래선은 끊겼다고 해도 그사이 쌓아온 신뢰까지 끊어낼 수는 없는 일이었다. 리콜로 인해 회사 사정이 급격히 어려워지긴 했지만 나는 그때의 손실을 단순히 손해라고만 생각하지 않았다. 이윤 창출이라는 기업의 근본적인 목표에 반하는 결정이었으나 신뢰를 이어가는 데 필요했던 비용이기도 했기 때문이다.

그로부터 1년 뒤, 정말 드라마 같은 이야기가 펼쳐진다. 거래를 끊었던 리비아에서 어느 날 다시 연락이 왔다. 리콜 이후 우리 제품 성능이 너무 좋아져서 코막중공업 제품 아니면 쓰지 않겠다는 고객들의 요구가 빗발친다는 것이었다. 그러니 꼭 우리 제품을 공급해달라는 연락이었다. 준비되는 대로 몇 대를 먼저 공급했다. 그랬더니 다시 또 몇십 대를 주문했다. 얼마 후에는 공장에 있는 모든 물건을 다 선적해달라는 오더를 줬다. 공장을 밤새 풀(Full)로 돌려도 리비아에 줄 물건을 만들기가 벅찰 정도였다. 자발적 리콜은 리비아 시장의 90%를 코막중공업이 잡는 결정적 계기가 되었고 덕분에 회사는 엄청나게 발전했다.

꼭 1년 만의 일이었다. 드라마나 소설에서나 나올 법한 일을 직접 경험해보니 불운이 꼭 불운인 것만도 아니고 행운이 꼭 행운인 것만도 아니라는 생각이 들었다. 만약 내가 잠깐의 행운을 바라고 결함을 무시했다면 공장에 있는 물건을 죄다 선적시켜보는 경험은 하지 못했을 것이다. 내 경험에 비춰보면 불운과 행운은 동전의 앞뒷면 같아서 쓰는 사람에 따라 운명의 얼굴이 달라지는 듯하다. 이때의 경험을 통해 나는 더욱더 노력 없는 요행을 바라지 않게 됐다. 오직 품질과 신뢰만이 경쟁력이고 장수하는 기업의 근본이 되는 것임을 경험했다고 할 수 있다.

# 06

## 운명 공동체,
## **코막중공업**

    250만 원 소자본으로 시작한 회사는 1997년 창업 후 2007년까지 약 10년간 성장하는 모습이 눈에 보일 정도로 크고 있었다. 코막중공업을 10년간 한 번도 적자를 내지 않는 건설 중장비 수출기업으로 만들기까지 나의 모든 것을 걸었다 해도 과언이 아닐 정도로 회사 경영에 시간과 열정을 쏟아부었다. 회사 규모가 확장될 무렵에는 새벽 별을 보면서 나갔다가 이튿날 새벽이 되어서야 귀가하는 일이 다반사였다.

    모두 내게 성공했다고 했다. 33살의 나이에 창업해 10년 안에 꿈에 그리던 세계 무대에 데뷔했고 회사의 이름이 곧 글로벌 브랜드가 되었다. 돈도 많이 벌었다. 번 돈으로 아파트와 땅을 샀다.

    모두가 부러워하는 성공을 하긴 한 것 같은데 그게 다였다. 조금 더 있으면 더 큰 건물도 살 수 있을 것 같았고 저축예금 통장을 몇

**160**

개 더 만들 수도 있었는데 삶이 좀 시시하고 어쩐지 만족스럽지 않았다. 나의 공허함과 불안한 마음은 물질적인 욕구를 충족한다 해서 채워질 수 있는 것이 아니었다. 본인 명의의 부동산이 생겼을 때 좋아하지 않을 사람이 대한민국에 몇이나 될까 모르겠지만 내가 그 희귀한 종류의 인간이었다. 이러다간 임대업자로 전락하고 말 것이라는 불안감, 그게 바로 나를 불행하게 한 원인이었다.

나는 내 삶을 다시 열정과 기쁨 속으로 밀어 넣기로 했다. 부동산 매입에 돈을 쓰는 대신 기술 개발에 대한 과감한 투자를 진행했다. 기술 개발에 필요한 전문적인 인재들을 대거 채용했고 경기도 시화공단에 R&D 연구소도 마련했다. 연구에만 몰두할 수 있는 환경이 조성되니 직원들도 흥에 겨워 일했다. 사장의 요구가 전혀 없었는데도 아침 6시 이전에 출근해서 업무를 시작하는 직원들이 있는가 하면, 퇴근했다가도 다시 나와 연구를 이어가는 직원들도 있었다. 나 역시 그들과 함께 밤을 새워 일했다. 경영자와 실무자가 한마음 한뜻으로 하나의 목표를 향해 똘똘 뭉쳤는데 성과가 없을 리 없었다. 우리는 코막중공업 이름으로 29개의 기술 특허를 따냈다. 경쟁사에 견줘 제조 기술이 6년이나 앞섰다는 평가도 뒤따랐다. 집에 있는 아이들 커가는 것도 보지 못할 만큼 바쁜 나날이었지만 그처럼 행복했던 기억이 또 없다.

29개의 기술 특허를 내기까지 들어간 개발 비용은 실패 비용까지 합쳐 100억 원 정도가 된다. 대기업도 아닌 중소기업에서 R&D에 투자한 금액치고는 상당한 수준이다. 경기가 어려워지면서 중소기업의 R&D 투자 비용이 점점 줄어들고 있는 상황에서도 나는 과감한 투자를 진행했다. 기업의 독자적인 기술력이 곧 기업의 자생력과 경쟁력에 직결되기 때문이다. 코막중공업이 장수기업으로 성장하려면 독자적인 기술은 반드시 갖고 있어야 했다. 그래서 거듭되는 연구 실패에도 실망해본 적이 없다. 100년 기업의 토대를 세운다는 일념이 있었기 때문이다. 내게는 부동산을 하나 더 갖는 것보다 연구실에서 들려오는 실패의 타전이 더 값졌다.

꿈이 있었다. 코막중공업이 글로벌 시장에서 메이저 플레이어로 우뚝 서는 꿈이었다. 기특하게도 회사는 내가 노력한 만큼 성과를 보여줬다. 샌드빅, 아트라스콥코 등의 글로벌 업체들이 즐비한 유럽에 대기업이 아닌 우리 코막중공업이 진출해 업계를 깜짝 놀라게 했고 우리의 주력 제품이었던 유압파쇄기는 세계 13개국에서 시장점유율 1, 2위를 다퉜다. 건설 중장비에 들어가는 작은 부품을 제조했던 회사가 유압브레이커, 컴팩터, 크라샤 등의 건설 중장비를 자체 제작하는 회사가 되었고 제품을 수출하는 나라는 60개국으로 늘어났다. 비로소 코막중공업은 매출 대부분이 수출에서 나오는 명실상부한 수출기업이 된 것이다.

그사이 코막중공업과 운명을 함께하는 글로벌 직원의 수가 120여 명으로 늘어났고 협력업체도 60여 개로 불었다. 그들에게 딸린 식솔까지 생각하면 코막중공업과 가족이라고 할 만한 사람이 몇천

명은 족히 있는 것이다. 내 손으로 코막중공업을 창업했다고 해서 회사가 내 것은 아니었다. 내 꿈을 실현하게 해준 현장이라고 해서 내 욕심대로만 끌고 가서도 안 됐다. 코막중공업은 이미 하나의 운명 공동체가 탄 배와 같았다. 잘될 때는 모두의 공이었지만 실패하면 나의 책임이었다. 나의 잘못된 판단이 가져올 타격이 너무 컸다. 그런 불상사가 일어나지 않도록 정신을 바짝 차려야 했다.

기업가는 사업의 크기와 이익의 크기로 평가를 받는다. 기업이 덩치가 있어야 어디 가서 눈길이라도 한 번 더 받는 게 현실이기도 하다. 그럼에도 불구하고 나는 부채 비율을 높이면서 외형을 키우는 식의 사업 확장은 하지 않았다. 회사가 연 50%씩 급속 성장할 때도 부채 비율을 200% 내외로 묶어놓고 그 이상의 선을 절대 넘지 않았다.

물론 그렇게 맞춰가는 일이 쉽지 않았다. 회사가 비약적으로 성장하고 있는 상황에서 규모에 욕심내지 않는 오너는 아마 몇 없을 것이다. 그러나 나는 크기보다 내실을 다지는 데 집중하기로 했다. 안정적인 성장과 실패의 차단이라는 카드를 경영 일선에 꺼내 든 것이다. 부채를 늘려가며 무리하게 크기를 키우다 자칫 거래처가 이탈하기라도 하면 매출이 급격하게 줄고 납품대금 결제가 지연되는 상황이 발생할 것이 분명했다. 부실한 신용 관리로 차입 창구가 막히면 기업은 버티기 어렵다. 기업가는 욕심내지 않고 자만하지 않는 것도 아주 중요한 능력이라고 생각하고 사업이 성장 가도를 달릴수록 더욱 엄격한 경영방침을 세웠다.

그러나 2008년, 실수하지 않고 실패하지 않으려 겹겹이 둘러친 안전망이 뚫려버린 일대의 사건이 벌어진다. 그 사건으로 우수한 제품 품질과 독보적인 영업력을 갖고 있다는 명성으로 업계를 풍미했던 코막중공업의 명예는 땅으로 곤두박질쳤고 코막중공업의 수장이던 나는 하루아침에 나쁜 사람이 되었다. 빚을 지고, 직원을 해고하고, 협력업체를 줄도산시키고, 가족을 흩어지게 만든 장본인이 돼버렸다. 바로 키코 사태가 터진 것이다.

키코는 내 삶을 롤러코스터에 태우고 제멋대로 뒤흔들었다. 코막중공업과 운명을 함께한 많은 사람의 삶도 뒤집어졌음은 물론이다. 내가 막아내지 못한 단 하나의 리스크가 최악의 결과를 갖고 왔다. 다른 건 몰라도 강단 하나는 타고 났다고 생각했는데 키코 사태 이후 극도의 스트레스로 우울증에 시달렸고 정신과 치료를 1년간 받기도 했다. 108배를 3년간 하루도 빠짐없이 했으며 성철 스님의 말씀과 《법구경》을 매일 읽으며 무욕(無慾)과 무소유(無所有)의 깨달음을 얻었다. 단순히 나의 일신상에 문제가 생겼다면 고통의 크기가 덜 했을 것이다. 내가 무엇보다 견딜 수 없는 것은 나와 함께한 사람들의 삶까지 진창에 빠지게 했다는 죄책감이었다. 그 이유가 나의 잘못에서 기인했든 안 했든, 그것은 중요하지 않다. 결과에 대한 무한한 책임을 지는 것, 그게 경영자의 숙명이었다.

기업을 경영하는 데 있어 사람만큼 귀한 것이 없다. 코막중공업이 비약적으로 성장할 수 있게 해줬던 그때의 직원들을 생각하면 아직도 눈물 나게 고맙다. 그로부터 벌써 10년이 넘는 시간이 흘렀지만 당시에 헌신적으로 일했던 직원들의 이름과 얼굴들을 아직 기억하고 있다. 갑작스러운 사고라고 표현할 수밖에 없는 키코 사태가 아니었다면 여전히 코막중공업과 함께하고 있을 사람들이다. 법정 관리에 들어간 회사를 복구하느라 그들을 끝내 다른 자리로 보내야 했을 때, 그때의 심정은 이루 말할 수 없을 정도였다. 마치 내 신체의 일부가 뜯겨 나가는 것같이 아팠다.

키코 사태는 내게서 비단 자산만 빼앗아 간 게 아니다. 코막중공업의 미래를 함께 만들었던 그 많은 사람을 빼앗았고 나 혼자가 아니라 그들과 함께 꾸었던, 그만큼 그 무게와 크기와 가능성이 압도적이었던 꿈을 앗아갔다. 내가 결코 키코 사태를 묵과할 수 없는 이유다.

# 키코 사태는 끝나지 않았다

키코의 악몽은 끝나지 않았다. 키코 사태가 벌어진 지 12년이 지난 지금
에도 키코로 인한 고통에 시달리고 있는 기업이 부지기수다. 실패의 타
격은 큰데 재기의 가능성은 희박하다는 것이 더욱 절망스럽다. 실패는
성공의 어머니라는 격언은 대한민국 사회에서는 통용되지 않는다.

나는 키코 폭탄으로 쓰러진 회사를 다시 일으키면서 한번 망한 사람을
찍어 누르는 사회 시스템이 얼마나 견고한지 알게 됐다. 실패자라는 낙
인이 키코 피해 기업을 두 번 울리는 것이다. 그러는 사이 2011년 LIG그
룹과 2013년 동양그룹 CP 사기 발행, 그리고 2019년 DLF · DLS, 라임자
산운용 사태까지 금융 자본에 의한 약탈 사고가 주기적으로 터지고 있었
다. 끝없이 새로운 피해자를 만들어내는 약탈 금융의 천국이 대한민국의
민낯이다.

# 지금도
## 고통받고 있는 사람들

키코로 인해 한 도시의 성장 동력이 완전히 망가졌다. 통영의 이야기다. 국내 중형 조선 산업의 중추도시였던 지역이 키코 폭탄으로 도시 자체가 쇠퇴일로를 걷고 있다.

통영은 수출형 중형 조선소가 몰려있고 활기가 넘치던 도시였다. 밤마다 바닷물에 수놓아지는 타워크레인의 불빛이 통영의 상징적인 밤 풍경이었다.

뛰어난 기술력으로 세계 중형 선박 시장을 이끌던 도시 통영이 지금은 달라졌다. 일감 끊긴 조선소를 견디다 못한 2만 명의 노동자가 도시를 떠났고 조선소 노동자들을 대상으로 영업하던 수많은 상가가 문을 닫았다. 실업률은 전국 최고 수준으로 치솟았다. 도시 경제 자체가 먹통이 된 상태다.

2019년 10월 〈한겨레〉에서 취재한 바에 따르면, 키코에 가입했던 주요 중형 조선소 15곳 중 12곳이 파산하거나 매각됐고, 일부는 법정 관리 상태에서 다른 기업에 팔렸다. 키코에 가입했던 2008년부터 3년간 이 조선소들이 입은 키코 관련 피해는 6조 6,696억 원으로 2010년 금감원이 발표한 전체 키코 피해 기업의 피해액 3조 원을 2배나 웃돈다. 협력업체를 포함해 1만 2,000명의 노동자가 일하고 수주 잔량이 세계 8위였던 조선소도, 2008년 한 해에만 2조원의 매출을 올리고 9개의 계열사와 관계사를 거느렸던 조선사도 키코 앞에서 맥없이 무너졌다. 키코로 인해 국내 중형 조선소가 몰락하자 세계 중형 선박 시장의 판도도 바뀌었다. 한국과 경쟁하던 중국과 일본이 반사이익을 얻으며 한국 조선업계의 자리를 꿰찼다.*

키코가 유별나게 수출 중소기업을 표적 삼았다는 사실이 이럴 때마다 정말 가슴 아프다. 몇몇 은행을 배 불리는 일에 국부가 사라졌다고 해도 과언이 아닌 것이다.

키코 사태로 통영에서만 중형 조선소 5곳이 문을 닫았다. 그나마 남아 있는 조선소는 법정 관리 상태로 인수자가 나타나지 않으면 역시 문을 닫을 처지다. 조선소 임직원들이 무급 휴직을 자처하며 조선소를 지켜내고 있지만 희망을 기대하기에는 마주한 현실이 너무 매몰차다. 앞선 세 번째 매각 시도가 불발됐던 터였다.

통영에 기반을 두고 있던 A 조선사는 키코로 무려 3,800억 원

---

* 「한국 중형 조선소의 몰락, 그 뒤엔 약탈적 금융」, 〈한겨레〉, 2010. 10. 1.

의 피해를 입고 2013년에 파산했다. 적어도 족히 20년 동안 번 영업 이익을 모두 빚 갚는 데만 써야 하는 수준의 피해였다. 2010년 A 조선사 회장은 협력업체와 조선사 직원들이라도 살려보고자 은행 관리를 받았다. 법정 관리를 받을 경우 선주와의 계약이 줄줄이 취소될 위험이 있어 법정 관리가 아닌 은행 관리를 선택한 것이다. 창업주이기도 한 A 조선사 회장은 조선소에 대한 모든 권리를 포기하고 주식도 은행에 다 넘겼다. 그러나 채권단은 2013년 10월에 조선소를 완전히 정리했다. 1만 2,000여 평의 작은 조선소에서 1만 3,000톤급의 중형 케미컬 탱커를 16척이나 만들었던 경쟁력 있던 조선소가 역사 속으로 사라졌다.

키코로 수출 조선업계를 파산으로 몰아세운 은행은 현재 그들의 재건도 막고 있다. 은행이 갖고 있는 막강한 금융 권력을 이용해 기업들의 피를 빨아 먹다 못해 말려 죽이는 수준이다.

조선업은 업계 특성상 수주 계약에 앞서 금융사의 선수금 환급 보증을 받아야 한다. 선수금 환급 보증은 선주가 조선소에 선수금을 지급하면서 조선소 부도에 대비해 금융사로부터 받아두는 보증서로, 금융사에서 발급해줘야만 선박 건조를 시작할 수 있다. 이 보증서를 발급받지 못한 수주 계약은 자동 취소되고, 신속하게 이뤄지지 않으면 계약이 취소되는 경우도 있다. 즉, 수주에 있어 반드시 필요한 서류이다. 그런데 은행들이 중소 조선사들에 보증서 발급을 기피하고 있다. 은행들의 발 빼기로 키코 피해를 입은 조선사들이 선주를 물고 와도 수주 계약 자체가 어려워진 것이다. 은행들의 이런 행태는 키코 피해 조선사들의 재건·재창업의 길을 아예 막아버리는 것과 다름없다.

심지어 국책은행인 산업은행마저 중소 조선사에 보증서 발급을 해주는 일에 매우 소극적이었다. 산업은행은 선수금 환급 보증을 신청한 대기업의 97.6%를 당일 처리해준 반면, 중소기업은 겨우 30%만 당일 처리해줬다. 선박 구성품을 제조하는 모 중소기업의 경우 보증 승인에 무려 108일이 소요된 사례도 있었다. 2019년 산업은행 국정감사에 나온 김병욱 더불어민주당 의원은 산업은행에서 제출받은 자료를 발표하며 "선수금 환급 보증으로 인한 손실은 중소기업이 아닌 대기업이나 중견기업에서 발생하고 있고 중소 조선사들은 환급 보증으로 인한 손실을 내지도 않았는데 중소기업이란 이유로 선수금 환급 보증이 거절당하고 승인에도 오랜 기간이 소요됐다"라고 지적했다.* 이러한 은행들의 중소 조선사 보증 기피로 중소 조선업계가 고사 직전까지 가고 있는 실정이다. 특히나 키코 피해를 입은 기업의 경우는 보증을 받기가 더욱 힘들다. 다시 일어설 기회조차가 막혀 있다.

키코로 중소 조선사가 몰락하는 사이 삼성중공업, 대우조선해양, 현대중공업 등 빅 3 대형 조선사는 세계 시장에서 다시 수주 1위를

---

* 「김병욱 의원, "산업은행, 선수금 환급보증 처리 기간 대기업과 중소기업 차별" 지적」, 〈파이낸셜신문〉, 2019. 10. 14.

기록했다. 업계의 양극화가 더욱 심해진 것이다. 거대 금융과 거대 기업들의 상부상조 속에 중소기업들이 설 자리는 없다. 대기업 중심의 시스템 안에 실패한 중소기업들의 자리는 더더욱 없다. 키코 사태의 수습은커녕 악몽만이 지속하는 상황이다.

재봉틀 한 대로 시작해 글로벌 의류 기업에 직접 의류를 수출하던 기업인 에이원어패럴도 키코 쓰나미를 피하지 못했다. 사채를 쓴 것도 아닌데 자고 일어나면 은행에 내야 할 이자가 몇천만 원씩 불어났다. 키코를 가입할 당시에는 1,000만 달러 수출을 앞둔 때였다. 억울한 마음에 당시의 금감원에 진정서를 냈더니 되레 금감원은 기업이 은행에 키코 이자를 냈다는 이유로 정상적인 계약 성립으로 판단했다. 결국 은행을 상대로 소송을 냈다. 은행은 키코에 대한 설명이 제대로 되어 있었다고 주장을 하며 몰아세웠다. 당시 에이원어패럴 대표는 해외에 나가 있었다. 에이원어패럴은 은행이 주장하는 날에 대표가 한국에 없었음을 증명하는 출입국확인서까지 제출하며 대응했다. 이를 인정한 법원의 판결에 따라 키코 손실액의 절반을 배상받았으나 나머지 손실액에 붙은 이자를 감당하지 못해 기업은 파산했다. 집도 팔고 회사도 팔았지만 해결할 수 있는 금액이 아니었다. 빚은 계속해서 남아 있었고 에이원어패럴 대표는 그 빚을 10년 가까이 갚으며 살고 있다.

타이어 제조설비를 만드는 동화산기는 1987년에 설립한 전통 있는 회사였다. 키코에 가입했던 2007년에는 매출 600억 원을 기록

했고 금호타이어 설비 협력업체 중 1등 기업으로 선정될 정도로 품질 경쟁력이 뛰어났다. 그러던 2007년 말, 거래 은행이 기업 담당자들과 대표들을 데리고 말레이시아 해외연수를 보내줬다. 동화산기의 박용관 당시 회장도 동행했다. 당시 40개 기업이 모였던 연수에서 해당 은행은 키코를 환헤지 상품이라고 소개한다. 그때 당시 은행장까지 자리에 와있었다. 키코에 대한 신뢰가 높아졌던 이유다. 박 회장은 의심 없이 은행과 키코 계약을 맺는다. 이후 총 186억 원의 손실을 얻었고 피해를 막지 못해 회사가 매각됐다. 기업 회생 신청을 했으나 키코를 판매한 은행이 기업 회생을 반대해 그 길마저도 막혔다. 이후 해당 은행의 지점장이 회사 관리인으로 왔다. 당연히 대표이사직은 빼앗겼다. 일흔을 훌쩍 넘긴 박용관 회장은 지금 신용불량자가 되어 고철 유통업으로 지난한 시간을 이겨내고 있다. 금융권의 지원으로 회사 경쟁력을 더 높여 국가에 기여하려던 12년 전의 꿈이 이렇게 악몽으로 바뀔 줄은 몰랐을 것이다.

12년이 지났으니 누구는 오래된 이야기라 할 수도 있겠다. 맞다. 오래된 이야기다. 그러나 키코는 12년이 된 과거가 아니라 12년째 이어져 오는 '오늘'이며 '지금'이다. 정의 대신 자본을 위해 움직이는 언론과 거대 권력에 의해 환투기꾼으로 손가락질받던 키코 피해 기업들은 12년의 시간만큼 고통 속에서 살아가고 있다.

나는 성공한 기업가로 후배들에게 수출기업의 길라잡이가 되려고 했던 개인의 소망은 산산조각이 난 채 흩어져 보여줄 수 없지만 내가 추락하며 보았던 참상은 많은 사람에게 보여줘야만 한다고 생각했다. 키코 피해 기업이 겪은 지옥의 참상을 그대로 보여줘야만 했다. 어떤 좌절을 겪었는지, 우리가 믿었던 국가 시스템과 금융에 어떤 배신을 당했는지, 사회 각 분야를 움직이는 거대 자본들이 어떤 폐단을 확대 및 재생산하고 있는지 그 실체적 진실을 보여주지 않으면 기업을 성실하게 일구어가는 후배 기업인들과 하루하루 열심히 살아가는 소시민들이 똑같이 당할 수 있겠다는 절박함이 있다.

바로 작년 2019년에 있었던 DLS·DLF 사태를 보라. 이제는 우리 모두가 약탈 금융의 표적이다. 우리 사회는 아직 약탈 금융에 그 어떤 경고조차 보내지 못했다. 나는 키코 사태를 묵과하지 않는 것이 바로 약탈 금융에 대한 엄중한 대처, 그 첫 번째 스텝이 될 것이고 정의로운 금융 소비자들의 연대가 적폐 금융의 공고한 벽을 허물 것이라고 믿는다.

▶ 금감원 분쟁조정위원회의 은행 배상 결정에 따른 키코 공대위 공식 기자회견 | 2019년 12월

# 키코라는 괴물이
## 만들어진 이유

중국 최고의 국제금융학자 쏭훙빙이 2007년에 집필한 《화폐전쟁》은 출간되자마자 신드롬을 일으키면서 단숨에 금융·경제서분야의 베스트셀러가 됐다. 전 세계에서 그의 책을 읽었으니 그야말로 초대형 베스트셀러의 탄생이었다.

쏭훙빙은 《화폐전쟁》에서 일찍이 세계 금융위기와 가상화폐의 등장을 정확하게 예측했다. 나는 세계 금융에 대한 저자의 거시적인 안목과 통찰이 흥미로웠지만 특별히 주목해서 읽은 부분은 따로 있었다. 바로 금융 파생 상품에 대한 저자의 평가였다.

쏭훙빙은 1990년대 초, 중국에서 미국으로 건너가 정보공학을 공부하고 미국 연방정부와 굴지의 금융기업에 몸담았다. 이후 미국 정부 보증 기관인 페이메이와 프레디맥의 컨설턴트 고문을 맡았다. 여기서 그는 미국의 금융 파생 산업에 깊게 접촉하고 최종적인 시스템 회계업무를 맡았으며 고객을 겨냥한 제품까지 설계했다. 이러한 이력을 가진 쑹훙빙은 금융 파생 상품을 어떻게 평가할까?

쑹훙빙은 파생 금융 상품의 본질을 다음과 같이 말했다.

"파생 금융 상품은 채무를 포장한 상품이며 채무의 컨테이너, 채무의 창고, 채무의 히말라야 산이다."[*]

20년 전(초판이 출간됐던 2007년 기준으로 20년 전이면 1980년대가 된다)에는 전 세계 파생 금융 상품의 형식상 가격 총액이 거의 제로였으나 2006년에 이르러서는 파생 상품 시장의 규모가 370조 달러에 달하며 성장 속도와 규모가 일반적인 상상을 뛰어넘는다면서 금융 파생 상품이라는 복잡한 수학 공식 뒤에는 오로지 두 개의 선택만이 남는다고 했다.

'모두 잃거나, 큰 횡재를 하거나.'

모든 파생 금융 상품의 계약은 돈을 걸고 하는 도박이며 도박판에서는 이긴 사람과 진 사람만 존재한다는 것이다. 그리고 이런 수백조 달러가 오가는 도박판에는 미국의 5대 은행이 중량급 게이머로 참여하고 있으며, 미국 재무부가 발표한 2006년 2분기 상업은행 금융 파생 시장 보고서를 언급하면서 미국의 5대 은행과 JP모건 체이스, 씨티그룹 등이 902개 은행의 파생 금융 상품 중 97%를 차지하고 있고 수입은 94%에 달한다고 밝혔다. 즉, 상품을 직접 설계

---

[*] 쑹훙빙, 《화폐전쟁》, 차혜정 옮김(알에이치코리아, 2019), 371면.

했던 저자조차 '도박'이라 칭하는 금융 파생 상품으로 볼 수 있는 키코를 우리나라 시중 은행들이 수출 중소기업에 소개하고 판매한 것이다. 그리고 그 이익은 국내 은행과 외국계 투자회사들이 나눠 먹었다.

'키코 사태 고소·고발 사건 무혐의 처분에 대한 항고 이유서 (2011고불항7313)'에 하나의 사례가 나온다. 하나은행이 비에스와 키코 계약을 체결한 후, 그 즉시 이 계약을 JP모건에 백투백 방식으로 양도하고 아무런 위험 부담 없이 7만 2,000달러의 차액을 수익으로 취득했다. 은행은 기업과는 단돈 1원도 주고받지 않고 체결한 키코 계약을 외국계 투자회사에 양도함으로써 7만 2,000달러라는 프리미엄을 앉은자리에서 벌었다. 이후 피해 기업들은 외국계 투자회사의 콜옵션 행사로 막대한 외화를 지불해야 했다. 수출 중소기업이 어렵게 벌어온 외화는 이런 식으로 고스란히 해외로 유출되고 말았다.* 2009년 10월, 지금의 더불어민주당 소속인 송영길 의원의 의원실이 발표한 자료에 따르면, 키코 마진 중 외국계 은행이 챙긴 비중이 72% 달할 정도니 이 정도면 국부 유출이라 평해도 과언이 아니다.

국내 수출 중소기업에 막대한 피해를 준 키코란 괴물은 어떻게 탄생했을까? 2011년 7월, 키코를 판매한 은행들을 모두 무혐의 처

---

* 〈키코 사태 재조명을 통한 금융 상품 피해 구제방안 정책 간담회〉, 한국기업회생 지원협회 주최, 이대순 변호사 발표, 2017. 6. 20.

리했던 당시의 검찰은 키코로 인한 기업들의 피해 이유를 '금융위기'로 봤다. 즉, 키코라는 상품이 문제가 된 이유가 금융위기 때문이지 상품을 판매한 은행의 책임은 아니라는 판단이다. 이런 판단은 공략 대상만 다를 뿐이지 키코와 쌍둥이라 할 수 있는 해외금리 연계 파생 결합 상품인 DLF와 파생 결합 증권 DLS 사태의 원인을 해외 채권금리 하락으로만 생각하는 것과 똑같다. 이는 금융위기나 해외 채권금리 하락 등이 '운이 없게도' 발생했을 뿐이지 누구의 문제가 아니라는 시각이다. 물론 앞선 이유가 원인을 제공했을 수는 있다. 그러나 괴물과도 같은 파생 금융 상품이 탄생한 근본적인 이유는 은행들의 도덕적 해이와 금융 당국의 규제 및 감독이 부실했기 때문이다.

쑹훙빙은 《화폐전쟁》에서 파생 금융 상품 시장은 폭발적으로 성장하는데 정부의 규제가 속도를 따라잡지 못하고 있다고 지적했다. 그는 많은 파생 상품의 계약이 정규 거래 시장이 아닌 장외 시장에서 진행되는데 회계 제도상 파생 상품과 전통적인 상업 거래를 구분하기 어렵고, 그 규모가 거대하기 때문에 레버리지 비율이 상당히 높아 리스크를 제어하기 힘들 뿐 아니라 정부의 관리·감독이 소홀한 금융 시장의 시한폭탄이라 경고했다.[*]

금융 당국의 관리·감독이 소홀한 틈을 타 은행들은 키코와 같은

---

[*] 쑹훙빙, 《화폐전쟁》, 차혜정 옮김(알에이치코리아, 2019), 374면.

약탈 금융 상품을 판매해 소시민들의 삶을 피폐하게 만들고 있다. 국민의 신뢰를 받는 은행이 규제와 감독의 사각지대를 이용해 이런 짓을 하고 있다니 괘씸할 따름이다.

금융 당국의 태도도 문제다. 금융 정보로만 봐도 은행과 금융 소비자 사이에는 기울어진 운동장이 존재한다. 그래서 금융 당국의 역할이 필요한 것이다. 그런데 금융 상품 정보에 깜깜한 금융 소비자를 보호해야 할 당국이 이런 고위험 금융 상품의 무차별적인 판매를 허가하고, 이로 인해 금융 사태가 터지면 투자자 손실이 확인된 이후에야 조사를 착수하는 등의 미온적 태도를 보이니 사태 확산에 기여했다고 할 수 있다.

금융 기관의 윤리의식 부재가 키코를 탄생시켰다면 이 괴물의 활동을 눈감아 준 집단이 있다. 바로 금융 마피아들이다. 이탈리아에서 기원한 범죄조직 마피아를 누구나 한 번쯤 들어봤을 것이다. 이제는 전 세계적으로 통용되는 범죄집단을 뜻하는 이 조직이 우리가 사는 대한민국에도 활개를 치고 있다. 물리적으로 총 들고 칼을 휘두르지 않고 있지만 이들은 마피아 조직만큼의 장악력으로 막강한 영향력을 행사하며 힘없는 자들의 인권과 삶의 기반을 유린하는 중이다. 그들을 우리는 금융 마피아, 모피아(기획재정부 및 금융위원회 전·현직 관료)라고 부른다.

모피아집단은 이른바 고위 관료 출신 인사들이 정계, 금융계 등의 요직으로 나가 한 자리씩 차지하면서 형성되는데, 이런 회전문

인사를 백번 눈 감고 참아줘서 자리에 나가 앉는 것까지는 막을 수 없다고 치자. 그런데 문제는 이 모피아들이 자신의 입맛에 맞게 금융계를 쥐락펴락한다는 것이다. 금융 권력을 탐욕스럽게 쥐어 들고 정부 조직과 기업, 금융 당국을 허들 없이 넘나들며 저들끼리만 잘 먹고 잘살 궁리를 하고 있다. 고인 물이 썩듯이 견제 없는 권력은 악취를 풍기기 마련이다. 금융위원회와 금융감독원이 소비자 보호의 책임을 방기해 발생한 키코 사태에 대한 그 어떤 책임도 지지 않고 뻔뻔히 자리를 보전할 수 있던 것이 바로 이런 '그들만의' 냄새나는 커넥션(Connection)이 있었기에 가능했다.

법조계는 또 어떤가? 우선 대형 로펌 변호사들의 출신 면면만 살펴봐도 입이 떡 하고 벌어진다. 법원장 출신, 판사 출신, 검사장 출신, 정부 각처의 고위 관료 출신이 즐비하다. 오직 법리만을 따져야 하는 법원에서 전관예우를 운운하는 이유가 이런 관계성에 있다.

나는 키코 사태로 우리 사회의 투명성과 건강을 해치는 두 적폐 집단을 모두 마주했다. 금융 적폐인 모피아, 사법 적폐인 법피아다. 키코 판결에 책임이 있는 양승태 전 대법원장과 판사들, 키코 사건 당시 은행 측 변호를 맡은 로펌으로 스카우트되어 이동한 금감원 출신 관료들, 이 두 집단이 우리 사회의 금융과 사법이라는 주요한 두 축을 맡아 자기들만의 정의를 자기들끼리 구현하고 있다.

키코 재판에서 기업 패소라는 대법원의 판결을 만들어 낸 이들의 이너서클이 청산되지 않는 한 키코는 제2의, 제3의 얼굴을 하고 사회로 나와 활개를 치고 다닐 것이다. 키코를 단순히 금융 사건에 한정 지어 해결해서는 반쪽짜리 해결밖에 되지 않는다. 사건의 실체를 명명히 드러내고 당시의 금융, 사법 당국의 재판 거래까지 심판해야 비로소 끝이라 할 수 있다.

# 03

# 우리 모두가
# **당할 수 있다**


만약 이 책을 읽고 있는 당신이 아직 약탈 금융에 의한 피해를 보지 않았다면 '운'이 좋았다고 생각하는 것이 좋다. 약탈 금융가들은 투자, 보험, 증권 등 갖가지의 상품을 미끼로 당신의 돈을 털어가고 있다. 어디 그뿐인가? 2011년에 발생한 저축은행 사태를 보면 심지어 고객들의 예금까지 몽땅 해먹었다. 약탈의 방법도 참 가지가지여서 나도 언제 어떻게 당할지 모를 일이다.

금융 투자에 관심 있는 사람이라면 커머셜 페이퍼(Commercial Paper)의 약자인 CP로 부르는 기업어음에 대해 들어봤을 것이다. 신용 상태가 양호한 기업이 자금 조달을 위해 자기 신용을 바탕으로 발행하는 CP는 1년 이내의 만기를 갖는 융통어음으로 회사채보다 발행 절차가 간편하고 투자 수요가 광범위하다. 기업들이 CP를 발행하면 증권사 등의 금융 기관이 할인하여 보유하거나 투자자에게 판매한다. 투자하는 고객들은 고수익을 낼 수 있는 투자 상품으로 인식하는 경우가 많다.

재무 상태 실사 등의 복잡한 조건들을 충족시켜야 하고 유사시 채무 상환을 보장하는 장치가 마련되어야 하는 회사채와 달리 CP는 자본시장법 도입으로 발행 요건이 완화되면서 금융 시장에 본격적으로 나타나기 시작했다. 기업 입장에서는 재무 상태를 공개하지 않고 경영자의 판단만으로 발행할 수 있다는 장점이 있고, 투자자 입장에서는 금리가 높아 매력적이다. 그런데 만약, 기업이 자신들의 치명적인 문제를 숨기고 CP를 발행하면 어떤 일이 벌어질까? 짧으면 3개월, 길어야 1년 만기의 CP인데 그사이 설마 큰일이 있을 리가?

2010년 9월부터 LIG건설은 기업어음 발행에 집중하기 시작했다. 발행 잔액은 1,836억 원으로 개인투자자 707명이 구입한 어음은 1,300억 원어치였다. LIG그룹을 모회사로 두고 있는 LIG건설이었기에 투자자들은 혹시 모를 위기가 있어도 모회사의 자금 지원이 있을 것으로 예상했다. 그런데 문제가 생겼다. 2011년 3월 21일, LIG건설이 돌연 법원에 법정 관리 신청을 한 것이다. 불과 열흘 전에 LIG건설 CP를 산 투자자도 있었다. 투자자 입장에서는 최악의 경우 원금 손실이 불가피한 상황이 된 것이다.

LIG건설은 CP 발행으로 자금을 만들어 이미 재무 상태가 엉망이었던 그룹의 피해를 최소화시키고 고의 부도를 냈다는 의혹을 샀다. 검찰은 수사 끝에 LIG그룹이 2,150억 원의 부당 이익을 봤다며 최대주주 등을 구속하기에 이른다.

2013년에는 동양그룹 CP 사기 발행 사건도 발생한다. 2008년 글로벌 금융위기 이후 동양그룹은 경영 실적이 급속히 악화했는데 2012년에는 그룹의 부채 비율이 1,700%까지 올라갈 정도로 부실 위험이 큰 상태였다.

2013년, 동양그룹은 법정 관리 신청이 불가피해지자 상환 능력을 숨긴 채 7월부터 9월까지 계열사의 회사채와 CP를 대량으로 발행하기 시작한다. 투자자 4만 1,398명에게 1조 6,999억 원어치가 판매됐다. 그리고 9월 30일, 동양그룹 5개 계열사가 법정 관리를 신청한다. 얼마 전까지 사들인 CP가 휴짓조각이 되자 투자자들의 충격과 피해가 막심했다. 이 사건은 검찰에 의해 구속 기소된 동양그룹의 회장과 주요 임원들이 사기 및 주가 조작 등의 혐의로 징역형을 받고 동양그룹 채권을 주도적으로 판매한 동양증권 대표이사 역시 중형을 받는 것으로 마무리된다.

LIG건설과 동양그룹의 CP 발행과 관련해 그나마 책임자 처벌이 가능했던 것은 2009년 2월에 도입된 자본시장법 덕분이다. 자본시장법 제17조(부정 거래 행위 등의 금지) 조항에 의거해 불공정 거래 행위를 포괄적으로 처벌할 수 있던 것이다. 그리고 결국 두 CP 사기 발행 사건에서 남은 것은 피해자다. 동양그룹 사태에서는 그룹 회장의 재산이 모두 매각되어 피해자들에게 일정 부분 배당이 됐지만 아직도 회수하지 못한 피해금액만 4,152억 원에 이른다. 금융 사건은 이처럼 한번 터지면 그 규모나 피해금액 면에서 사회적 손실이 막대하다.

LIG건설, 동양그룹 CP 사태는 1차적으로 사기성의 CP를 발행한 기업에 책임이 있고 원금 손실 가능성이 매우 높은 부실한 기업의 CP를 고객에게 권유하고 판매한 금융사도 책임에서 자유로울 수 없다. 해당 기업의 상환 능력을 잘 알지 못하는 투자자를 대상으로 금융 상품으로써의 적합성을 따지지 않고, 객관적으로 확인되지 않은 사실을 들어 판매를 유인하는 등 고객 보호 의무를 다하지 않았기 때문이다. 이러한 불완전 판매가 있지 않았다면 대규모의 피해자 양산도 없었을 것이다. 그런데도 금융사들은 상품을 위탁받아 중개했을 뿐이라면서 책임을 회피하기에 급급했다. 불완전 판매의 위험성을 인식한 금감원이 금융 상품 판매 시 판매사의 설명 의무를 강화하고 부실 위험이 높은 대주주를 지원하기 위해 그룹 계열 금융사가 자금을 동원할 수 없게 하는 등 뒤늦게 대책을 마련했지만 이 정도의 규제로 금융의 탐욕을 막아내기에는 역부족이었던 걸로 보인다.

2019년, 참사가 따로 없는 금융 사고가 터지고 말았다. 해외금리 연계 파생 결합 상품 DIS · DLF 사태다.

# 04

# 키코는
## 기업 파괴 상품,
## DLS와 DLF는
## 가정 파괴 상품

 

2019년 9월 17일, 서울 여의도 전경련 회관에서 키코 공대위와 DLS·DLF 파생 상품 피해 구제 특별대책위원회(이하 'DLS·DLF 특별대책위원회')의 주최로 'DLS 파생 상품 피해 구제 종합 토론회'가 열렸다. 민병두 국회 정무위원장이 참석했고 나는 키코 공대위 위원장 자격으로 참석했다. 키코 공대위는 DLS와 DLF 사태가 터지기 시작하자마자 가장 기민하게 반응하고 대책 마련을 위해 바삐 움직였다. DLS와 DLF는 키코와 쌍둥이라 할 정도로 닮아 있었다. 금융 피해자가 또 다른 피해자를 일찍이 알아본 것이다.

키코 공대위는 지난 10년간 거대 탐욕 은행들과 싸워오며 변호사, 금융법학자, 외환 전문가 등 200여 명에 이르는 파생 상품 전문가 풀을 유일하게 보유하고 있으며 파생 상품 관련 보도를 지속해온 100여 명의 전문 언론인들의 지원도 받고 있던 상태였다. 이에 힘입어 DLS·DLF 특별대책위원회를 출범시키고 대책 마련에 불을 지핀 것이다.

DLS와 DLF는 키코보다 판매방식이 더욱 악질적이고 피해자의 범위도 방대하다. 키코가 기업 파괴 상품이었다면 DLS와 DLF는 가정 파괴 상품으로 서민들의 삶을 완전히 헤집어 놓았다. 키코 때처럼 당하고 있을 수만은 없을 정도로 피해자들의 사연이 처참했다.

해외금리 연계 파생 결합 상품은 해외 특정 나라의 금리와 연동해서 그 나라의 금리가 기준치 이하로 떨어지지 않으면 수익이 나고, 반대로 기준치 이하로 금리가 떨어지면 손실이 발생하는 상품이다. 이번에 문제가 된 상품은 독일과 영국의 금리에 연동되어 있다. 그런데 몇 달 사이 유럽의 금리가 급락하면서 대규모 손실 사태가 벌어졌다. 이 사태를 투자 개념으로 본다면, 투자에는 그만한 위험이 있으니 손실의 책임을 투자자들이 일정 부분 져야 하는 것일 수도 있다. 그러나 문제는 키코 사태 때와 마찬가지로 상품 설계부터가 모든 리스크는 고객이 감당하는 매우 불합리한 구조로 되어 있었으며, '하이 리스크, 로우 리턴'이 명백한 상품을 '안전한' 상품으로 둔갑시켜 무분별하게 판매한 '불완전 판매' 이슈에도 걸려 있다는 점이다. 전체 판매액이 약 1조 원으로 추정되는 이 상품들의 구조를 살펴보면 다음과 같다.

6개월 만기로 해당 상품을 가입했다고 치자. 6개월 안에 상품이 걸었던 조건 안에서 금리가 기준치 이하로 떨어지지 않으면 고객은

4~5% 수익률을 볼 수 있다. 그러나 반대로 조건을 벗어나 금리가 기준치 이하로 떨어지면 원금의 100%까지 잃을 수 있다. 예를 들어 100만 원을 이 상품에 넣었을 경우 운이 좋으면 5만 원의 수익을 얻고 그렇지 않으면 100만 원을 전부 날릴 수도 있는 것이다.

지난 2019년 12월 금감원 발표에 따르면, 2019년 11월 8일까지 손실이 확정된 DLF 상품의 평균 손실률이 52.7%라고 한다.* 예측할 수 없는 앞으로의 손실은 차치하고 100만 원을 당장의 손실률에 빗대면 현재 원금이 50만 원도 남지 않았다는 것이다. 원금을 전부 날린 고객들도 부지기수다.

은행들은 잘해봐야 4~5%의 이익을 얻고 잘못하면 100% 손해를 보는 고위험 파생 상품을 수수료 수익에 눈이 멀어 다수의 고객에게 팔아 치웠다. 상품 하나를 팔 때마다 상품을 설계한 외국계 은행과 자산운용사, 판매한 증권사, 은행이 챙긴 수수료는 4.9%였는데, 이 수수료도 1년 만기 상품을 6개월로 쪼개 팔면서 두 번씩 챙겼다. 고객에 제시된 6개월의 수익률 약 2%의 두 배가 넘는 수준이다. 뒤로는 수수료를 챙겨 먹으면서 고객들에게는 원금 손실 가능성이 없다고 속여 판매한 것이다. 판매 상품과 연동된 국가의 금리 하락세가 뚜렷한 상황과 손실 위험이 있다는 내부 경고가 있었는데도 은행들은 판매를 멈추지 않았다. 고객 유치에 있어서는 은행으

---

* 「키워드로 보는 2019 경제 ⑤ _ 은행 도덕 해이·감독 부실⋯ DLF 손실, 경영진 등 징계수위 관심」, 〈경향신문〉, 2019. 12. 22.

로서의 공공성도, 금융인으로서의 양심도 없었다.

은행은 상품 구조가 복잡하고 원금 손실 위험이 큰 파생 상품일수록 고객이 상품 가입에 적합한 상태인지, 즉 상품 설명을 이해할 수 있는 인지적 능력, 신체적 능력을 갖고 있는지 확인해야 하는데 하지 않았다.

적합성원칙, 적정성원칙, 설명 의무의 원칙 등을 지키지 않아 자본시장법과 관련해 명백한 위반이 있었음을 짐작게 하는 사례가 속속 나오다. 난청과 치매를 앓고 있는 80대 치매환자에게도 이 상품을 판매했고 투자 경험이 없는 60대 주부에게는 손실률이 0%라고 속여 판매했다. 한 은행 지점에서 일하던 환경미화원의 40년간 모은 2억 원도 DLS, DLF로 빨려 들어갔다. 50대 부부가 이사를 위해 모아뒀던 돈도 사라졌다. 모두 은행을 믿었다는 이유로 당했다.

피해자들의 원성이 이어지자 판매한 은행은 단순 예금자인 금융소비자를 고난도로 설계된 금융 파생 상품에 적극적으로 투자한 투자자로 둔갑시켜 자신들의 책임을 회피하고 있다. 피해자들을 상대하기 위해 거대 로펌의 변호사도 선임한 상태다. 키코 사태 때 보여줬던 대응방법과 똑같다. 난청에 치매까지 앓고 있는 고객이 과연 초고도 위험 상품임을 정확히 인지하고 투자했을까? 원금이 사라질 수도 있다는 걸 알면서도 집을 옮기려고 모아뒀던 돈으로 투자를 감행했을까? 은행을 믿지 않고서야 40년간 모은 돈을 덜컥 은행에 맡길 수 있었을까? 판매 은행들은 이런 상식적인 질문에 고객이 이해할 수 있는 정도의 합리적이고 명확한 답을 내놓아야 한다.

우리도 이번에는 키코 사태 때처럼 당하고 있지만은 않을 것이다. 약탈 금융가들 덕분에 맷집 하나는 두둑해졌다. 자신들의 이익을 위해 금융 파생 상품을 마구잡이로 팔아 고객들의 삶을 무너뜨린 책임을 반드시 묻겠다.

▶ DLS · DLF 사태를 제2의 키코 사태 발생으로 보고 긴급하게 진행한 기자회견 기사

# 21세기 주홍글씨,
## '신용 불량 이력'

전화 한 통을 받았다. 키코 피해 기업 중 한 곳의 대표 전화였다. 울컥한 마음에 전화기를 들었다. 그 대표는 키코로 망가진 회사를 되살려 보고자 기관 펀딩을 받은 지 1년이 채 안 되었는데 실적을 빌미로 회사를 매각할 수 있다는 얘기를 들었다는 것이다. 그 말은 협박과 다름없었다. 사업을 수주하러 출장 가는 길인데 그 소리를 듣고 나니 발걸음이 차마 떨어지지 않는다는 하소연이었다.

얼마 지나지 않아 또 다른 키코 피해 기업의 자금부장이 나를 찾아왔다. 직원 800여 명을 구조조정하고 이제 500여 명 남았는데 은행에서 공장 매각을 추진하고 있어 잠을 못 잘 정도로 괴롭다는 것이다. 두 회사의 사정을 들어보니 내가 겪었던 상황과 똑같은 패턴이었다.

여기 또 하나의 기업, 재영솔루텍이 있다. 국내 1위의 금형업체로 무차입 경영을 하다가 2008년 키코 사태로 600억 원 상당의 피해를 본 후 바로 워크아웃에 들어갔다. 재무제표는 엉망이 됐고 신용등급은 땅으로 추락했으며 금리는 하늘로 치솟아 올랐다. 사모펀드가 붙어서 마치 회사를 돕는 모양을 취했지만 속으로는 엄청난 고수익을 누리며 회사를 파먹었다. 120억 원을 투자해 1년 7개월 만에 무려 250억 원을 가져갔으며 85억 원을 순이익으로 남겼다. 당연히 회사는 대규모 적자를 면치 못했다. 금융으로 망가진 회사에 다시 금융이란 빨대를 꽂아 말라 죽을 때까지 빨아간다고 해도 변명거리가 없을 것이다. 제조업체를 살리는 사모펀드가 아니라 치고 빠지는 식의 약탈적 방식이기 때문에 문제인 것이다.

재영솔루텍 앞에서 설명한 두 기업도 사력을 다해 살고 있을 것이다. 사력을 다한다는 것이 어떤 것인지 나는 경험해봐서 안다. 그 절박함이 무엇인지 알고 있어서 그들의 절망에 뼈가 시리게 아팠다. 나 역시 10년 전에 키코라는 시련을 만나 인생 최대의 절망을 겪었다. 그간 발톱이 빠질 정도로 뛰어다닌 덕분에 회사는 점점 안정을 찾는 중이지만 아직 완전하게 극복하지 못했다. 피해 기업들의 고전을 보니 다시금 정신이 번쩍 들었다.

키코로 인해 피해를 당한 약 1,000곳의 기업 중에 폐업을 한 기업은 400곳에 육박한다.* 대부분 3년을 버티지 못하고 회사 문을

---

* 「키코 피해 기업 신용등급 회복 시급」, 〈서울경제〉, 2019. 4. 28.

닫았다. 그나마 아직 살아 있는 기업들의 상황은 숨이 붙어 있는 정도일 뿐 키코 사태가 있고 10년이 더 흐른 지금도 키코 이전의 상태를 유지하는 기업은 찾아보기 힘들다. 키코로 무너진 기업들 대부분이 중소·중견 수출기업이었기 때문에 키코는 피해 기업에만 타격을 준 것이 아니라 대한민국의 경제 성장 동력에도 큰 문제가 됐다. 물론 예외는 있다. 중소·중견 기업이 무너질 때도 수출 실적을 매년 올려온 무소불위의 업체, 대기업들이다.

키코 사태 이후인 2009년부터 대기업과 중소기업 간 수출 실적을 살펴보면, 2009년 2,287억 달러 수준이었던 대기업 수출액이 2011년에는 3,756억 달러로 빠르게 올라간 반면, 같은 기간 중소기업의 수출 실적은 1.4배 늘어나는 데 그쳤다. 2009년 전체 수출액 중 중소기업이 차지하는 비중이 21.1%였는데 8년이 흐른 2017년에는 오히려 18.5%로 감소해 대기업과 중소기업 간의 격차는 더욱 벌어졌다.*

겉으로 보면 대기업들의 선전으로 경제가 탄탄해 보일 수 있다. 하지만 국내 수출 중소기업들이 도맡고 있다시피 한 지역 경제와 일자리에 미친 영향을 살펴보면, 이 수치는 실로 의미심장하다.

2018년 금감원 조사에서 확인된 키코 피해 기업은 919개다. 피해 기업에는 근로자 300인 이하의 중소기업뿐 아니라 1,000명이

---

* 〈키코의 경제학〉, 한국기업회생지원협회.

넘는 근로자를 가진 중견기업도 있는데 이들을 포함하면 키코 사태로 인한 일자리 피해를 당한 근로자는 5년간 34만 1,912명으로 추산된다.* 실직했거나 실직 위기에 몰린 일자리 문제가 당장 터졌으니 지역 경제가 활성화될 리 없다. 그사이 재벌 대기업의 경제 지배력은 더욱 대단해졌다.

키코라는 금융 사기 사건이 터진 후 900개가 넘는 피해 기업들이 재기만 제대로 할 수 있었다면 지금의 양극화가 이 정도 수준까지는 안 됐을 것이다. 금융 사고로 위기에 처한 중견기업들은 부도 또는 폐업이 되거나 인수합병의 방식으로 대기업에 헐값에 팔려갔다. 대한민국 경제의 허리가 사라졌고 위로는 대기업, 아래로는 그 대기업에 절대적으로 의존할 수밖에 없는 하청과 원청기업의 구조가 공고해졌다. 이런 경제 구조를 두고 누가 건강하다고 할 것인가? 그래서 중요한 것이 '패자 부활', '재도전'의 기회다. 이 사회가 실패한 기업에 재도전의 기회를 줘야 마땅하다. 상생 없이 발전도 없다. 여기서 혹자는 이런 질문을 할지도 모르겠다. 경영인이 발군의 노력을 가해 재기하면 되지 않는가? 꼭 제도적 지원이 있어야 하는가?

"회사 부도낸 도둑놈 어디 갔어! 사장 나오라 그래!"

TV 드라마에 심심치 않게 등장하는 대사다. 회사가 부도나면 당장 경영인이 도둑놈, 죄인이 되어 비인간적인 취급을 받는다. 이러

---

* 「한국의 수출 중소기업, 키코로 얼마나 많은 피해 입었나」, 〈시사위크〉, 2018. 6. 20.

한 경향은 과거보다 많이 누그러진 것으로 보이나 아직도 우리 사회는 망한 사람에 대한 인식이 관대하지 못하다. 왜 그럴까? 한번 망한 사람이 끝까지 망한 사람으로 남는 경우가 허다했기 때문이다. 끝내 채무를 해결하지 못하고 기업이 날아가 버리면 그 기업에 투자한 사람들의 손실도 발생할 것이고 개인적 채무관계도 해결이 어려울 수밖에 없다. 물론 방만 경영과 도덕적 해이로 사업체가 위험에 빠졌다면 그에 대한 책임을 마땅히 경영자에게 물어야 한다. 그러나 기업의 존폐를 위협하는 위험요인은 도처에 널려 있다. 당장 키코만 해도 그렇지 않은가? 기업 돈을 쌈짓돈처럼 허투루 쓴 기업인은 처벌받아야겠지만 열심히 사업을 하다가 불가피한 경우로 실패한 성실한 기업인들까지 범죄자 취급을 하는 것은 옳지 않다.

지금의 한국 사회는 한번 망한 사람을 찍어 누르는 시스템이 너무 견고하다. 실패한 기업인이라는 주홍글씨가 인으로 박혀 재기하기가 절대 쉽지 않다. 우리나라의 전근대적 금융 관행 때문에 그렇다. 자산 유동성이야말로 기업 회생의 열쇠인데도 국내 은행은 대부분 고정자산만 담보로 인정하고 대출을 승인한다. 보통 중소기업들은 유동자산이 없어졌기 때문에 회생 절차에 들어간다. 그런데 기업들이 은행의 조건 때문에 어쩔 수 없이 고정자산의 비율을 크게 유지하다가 유동자산이 필요할 때는 정작 쓰지 못하는 것이다. 경매로 넘어가면 처분과정만 2년이 넘게 걸리다 보니 되려 회생을 하다가 죽고 마는 꼴이 된다. 회생하려는 중소기업의 발목을 붙잡는 게 어디 담보 대출 관행뿐이겠는가? 대표자 연대 보증, 금융 지원 소외, 실패자 퇴출제도 등 이미 제도적으로 실패자들의 재진출을 겹겹이 막고 있다.

회생 절차를 어렵게 졸업해도 문제다. 실패한 기업에 들이대는 지나치게 엄격한 신용등급 기준이 기업인을 죄인으로 만들고 있다. 최하위등급에 머물러 있는 신용등급 때문에 보증과 대출 등을 통한 정상적인 기업 활동이 어렵기 때문이다. 나 역시 키코 사태 이후 무려 10년간 '주의'의 신용등급을 받아 기업 운영에 필요한 금융업무를 원활하게 볼 수 없었다. 신용등급에 문제가 생긴 기업은 정책자금을 받는 것도 불가능하고 신용보증기금, 기술보증기금 등에서 보증을 받는 것도 어렵다. 회사를 되살릴 기가 막힌 아이디어가 있어도 신용등급에 따라 이자율과 한도가 매겨지고 그나마 담보가 없으면 은행 문턱조차 넘을 수 없다. 아무리 아이디어가 좋아도 불발탄이 될 뿐 새로운 기회를 만들 수 없는 것이다. 마치 현대판 주홍글씨처럼 따라다니는 '신용 불량 이력' 때문에 기업가는 재도전의 통로부터가 막혀 있고 금융 연좌제나 다름없는 연대 보증제도는 기업가를 채무의 늪에서 빠져나오기 어렵게 만든다.

한국에서는 실패의 대가가 너무 비싸다. 파산한 기업인은 다시 일어날 기회가 거의 없고, '망한' 기업과 기업인이라는 사회의 반기업 정서는 재도전을 시작하기도 전에 심리적으로 위축되게 만든다. 이제는 기업의 실패를 경영인 개인의 실패로 몰아가기보다 사회적 쓰임으로 쓸 수 있게 해야 한다. 중소·중견기업의 기술력과 경영 노하우가 회사와 함께 사라져버리는 국가적 낭비를 막고 기업가의 실패 경험이 혁신의 자양분이 되도록 해야 한다.

실패는 죄가 아니다. 실패해도 다시 일어설 수 있는 사회가 되어야 사람이, 경제가, 이 나라가 선다.

# 실패의 자유를
## 보장하지 않는 사회

"위대한 성공은 실패의 자유에서 기인한다."

페이스북 창립자인 마크 저커버그가 하버드대 박사학위 수여식에서 남긴 말이다. 중국 알리바바그룹의 마윈 회장은 사업에 여덟 번 실패했다가 성공했고, 우버의 CEO인 트래비스 칼라닉은 네 번의 창업과 파산 경험이 있다. 그런 걸 보면 실패가 성공의 필수 조건이라 할 수 없지만 실패 없는 성공을 찾아보기 힘들다고는 할 수 있다.

실패는 성공과 혁신으로 가는 자연스러운 과정이다. 성공을 보장하는 도전은 세상에 없고 실패와 회복을 거듭하며 쌓인 노하우만이 성공의 결정적인 열쇠가 된다. 당연하다. 우리 사회도 이러한 사실을 모르지 않는다. 다만 외국보다 우리나라 사람들이 갖는 실패에 대한 두려움이 더할 뿐이다. 외국에서는 실패를 성공의 자산으로 생각하는 반면, 우리는 한 번 실패하면 재기 불가능한 낙오자가 된다는 두려움을 크게 갖고 있다.

2015년 현대경제연구소가 실시한 조사에서 '우리나라는 실패 시 재도전이 어려운 사회다'라는 문항에 응답자 75.5%가 '그렇다'라고 답했고 '창업 실패는 곧 개인 파산을 의미한다'라는 문항에는 무려 응답자 95.5%가 '그렇다'는 답변을 내놨다. 2013년 카이스트(KAIST)의 기업가정신연구센터에서 폐업 신고가 된 8만 2,154개 기업을 대상으로 한 조사에서는 겨우 7%의 기업만이 재창업에 뛰어들었다. 실패 후 재도전할 수 있는 환경과 제도가 뒷받침되지 않으니 두려울 수밖에 없다.

그렇다면 우리나라에는 재도전을 위한 법과 제도적 지원이 없는 걸까? 전혀 없지는 않다. 그 지원이 제한적이라는 것이 문제다. 기껏 만들어 놓은 지원제도 중에는 벤처기업협회가 주관한 벤처기업 패자부활제도가 있었다. 취지가 좋았는데도 불구하고 지원요건을 까다롭게 만들어 시행 5년 동안 단 3명의 수혜자만 배출했다(현재는 폐지됐음). 또한 중소기업진흥공단에서 주관한 재창업자금지원제도와 신용회복위원회에서 주관하는 재창업지원위원회 등의 지원제도도 지원 비중이 미미하고 제한적이라는 지적에서 자유로울 수 없다.* 그밖에 금융 기관이 실시하는 중소기업 워크아웃제도, 대한법

---

* 창조경제연구회, 《재도전 기업가를 위하여》(디투스튜디오, 2016).

률구조공단과 서울중앙지방법원의 파산 면책을 통한 패스트 트랙, 법원에서 실시하는 기업 간이회생 등이 재도전과 관련한 사업 정리 지원과 개인 신용 회복 지원을 운영하는 정도로 꼽을 수 있겠다. 실패한 기업은 이러한 제한적인 제도를 뒤져 역시 제한적인 지원을 골라야 하는 현실이다. 그리고 지원받기까지의 모든 스텝은 스스로 챙겨야 한다.

나 역시 키코 사태로 인해 회사가 갑자기 어려워지자 어떻게든 살려보려고 기업 회생을 진행했지만 특별한 전문성이 요구되는 법정 관리과정을 아무런 도움 없이 혼자 따라가느라 허투루 쓴 비용과 시간이 너무나 많았다. 만약 기업 회생에 대한 경험이 없는 기업인을 위한 회계, 세무, 법률 등의 아주 기본적 지원만 있었어도 덜 절망적이었을 것이다.

금융 지원의 사각지대에 놓인 상황에 더해 구제 및 지원 시스템까지 제대로 갖춰져 있지 않으니 기술력 있는 중소·중견기업들이 우왕좌왕하다가 인수·합병이나 파산으로 역사에서 사라지고 말았다.

이 사회에서는 실패하면 끝이다. 얼마나 매서운지 오금이 저릴 정도다. 실패를 인정하지 않는 분위기가 만연한 가운데서 홀로 실패의 경험을 성공의 기회로 만들 수는 없다.

우리 사회의 이러한 경향은 외환위기 이후 아주 극명하게 나타났다. 나는 채권을 매입해서 소각해 재기의 발판을 만들어주는 주빌리은행 이사로 있으면서 연대 보증 기업인 150여 명의 원금 500억 원 상당의 채권을 전액 소각한 적이 있다. 그 채권은 대부분 외환위기 때 사업 실패로 만들어진 것이다. 채권을 소각하고 이 소식을 당사자에게 전하려고 노력했으나 연락되는 사람이 거의 없었다. 외환위기는 당시 정부의 잘못된 외환 관리로 인한 사건이 분명하다. 당시 정부는 달러가 충분하다는 거짓말을 국민에게 했고, 정부를 믿고 기업을 성실하게 운영했던 사람들이 그 타격을 고스란히 받았다. 외환위기로 망한 기업인들 대부분은 극도로 피폐한 인생을 살았고 세상을 등진 사람도 많았다. 실패에 따른 지난 20년 삶의 무게가 얼마나 무거웠을지 짐작조차 되지 않는다. 안타깝게도 재기의 발판이 헐거운 것은 20년 전이나 지금이나 크게 다르지 않다. 적어도 우리나라에서는 실패에 대한 자유가 없는 것이다.

사회 풍토가 이렇다 보니 요즘 청년들이 본인의 역량과 꿈을 반영한 자기 사업을 꿈꾸기보다 공무원 시험에 몰리는 것도 이해가 된다. 미국, 유럽처럼 몇 번씩 실패해도 다시 도전할 수 있는 여건이 되어야 우리나라 청춘들이 드넓은 세계 시장을 상대로 배짱 한번 부려볼 수 있는 게 아닌가 싶다. 아니, 반드시 그래야만 한다. 삼성과 같은 세습재벌 대기업이 아니라 우리 청년들의 아이디어와 혁신으로 키워낸 기업이 페이스북, 알리바바, 우버처럼 세계 굴지의 기업들과 어깨를 나란히 하는 모습을 상상해보라! 상상만 해도 가슴 벅차지 않은가!

그러기 위해서는 재도전을 가능케 하는 탄탄한 지원이 필수적이다. 그리고 또 한 가지, 지금 대기업에 집중된 자원과 국가의 역량을 적절하게 배분하여 중소기업과 서민들에게도 온기가 퍼지게 해야 한다. 새로 탄생할 스타트업들이 그 자원을 받아 덩치를 키우면 우리 경제에 새로운 활력소가 될 것이고 자연스레 소득 양극화도 해소될 것이다. 그래야 무너진 중산층이 복원은 물론이고 내가 25년 전에 사회에 진출할 당시처럼 소신 있는 인재들이 중소기업에 기꺼이 뛰어들어 새로운 산업 역량을 키우고 새로운 성장시대를 열어갈 수 있을 것이다.

나는 굴지의 수출기업으로 키워놓은 회사가 키코로 인해 완전히 망가지고 이후 고통스러운 재기과정을 홀로 겪으면서 더는 사람들이 나와 같은 고생을 해서는 안 된다는 생각을 했다. 비록 우리 세대에는 없었으나 나의 아이들, 손자들은 '실패할 자유'를 누렸으면 했다. 그래서 생각했다. 정부 기관에서 만들지 못하는 그 재기의 시스템을 내가 한번 만들어보기로 말이다. 민간 주도의 지원이 영 불가능할 것 같지 않았다. 키코로 인해 금융권을 상대로 활동했던 다양한 경험이 자산으로 남았고 키코 공대위 활동을 함께하며 결속을 다졌던 기업 대표들, 존경해 마땅한 법조인들, 금융 전문가들, 회계 전문가들이 내 곁에 있다. 이번에는 '패자 부활이 가능한 사회'를 만드는 일에 한 몸 던져보기로 했다. 그저 치기로 무모하게 일을 시작하려는 게 아니다.

"과한 목표는 세우지 않되 실행 가능한 목표는 반드시 이룬다."

내 삶의 원칙은 이번에도 유효하다.

그렇게 해서 만들어진 '한국기업회생지원협회', 여전히 유효한 내 삶의 원칙을 증명한 이름이다.

▶ 한국기업회생지원협회 정기총회 | 2015년 10월

# 5장

# 올바른 사회 시스템을 위한 사자후(獅子吼)

코막중공업은 인고의 노력 끝에 법정 관리를 종결하고 재기의 기지개를 켜고 있다. 키코 사태 이전과 비교하면 아직 걸음마를 떼는 수준이지만 법정 관리를 했던 기업이 부활의 가능성을 갖게 됐다는 것만으로도 대한민국 사회에서는 매우 기적적인 일이다.

내가 재기의 발버둥을 칠 때 가장 갈급했던 것이 패자 부활을 위한 제도적 지원이었다. 우리 사회에 그런 기업 회생 시스템이 있을 리 만무했다. 한국기업회생지원협회와 한국재도전연합회 창립은 그런 나의 목마름에서 시작됐다. 아주 기본적인 보장 시스템도 갖추지 않고 창업을 독려하는 국가를 대신해 민간 차원에서 먼저 나선 것이다.

# 재도전하고 싶은 사람
## 다 모이세요

눈앞이 캄캄하다는 말이 있다. 사람이 갑자기 일을 당하고 어려움에 부닥치기 시작하면 정말 앞이 보이지 않는다. 당장 눈에 잡히는 것이 없으니 일 처리를 위해 뭐부터 해야 하는지 가늠하기 어렵다.

1997년 창업 이후 성장 가도를 달리던 회사가 키코 사태로 무너졌을 때 망가진 회사를 다시 어디서부터 일으켜 세워야 할지 정말 앞날이 막막했다. 이 사태의 중심에는 나 외에는 아무도 존재하지 않았다. 대내외 거래처와 직원들도 오직 나의 결정만을 지켜보며 숨죽이고 있었을 뿐이었다. 나의 해결방식에 따라 모두 사느냐, 죽느냐가 결정되는 그야말로 살얼음판 그 자체였다. 나는 매일 남모를 호흡 곤란을 겪으면서도 온전한 정신을 붙잡느라 애를 썼다. 바닥, 아니 지옥에서 탈출하기 위해 올라가야 하는 계단이 너무 많았다. 그것도 단 한 번의 실수로 발을 헛디디면 다시 추락하고 마는 아슬아슬한 계단들 말이다.

키코 사태로 인해 건실한 수출 주도형 중견기업으로 수출의 탑을 정권마다 수상하고, 한국형 히든 챔피언을 선정하는 '월드클래스 300'에도 선정되던 기업들이 작은 기지개도 켜지 못하고 역사의 뒤안길로 사라졌다. 그나마 악전고투로 버티고 있는 키코 피해 기업들에 금융권은 '좀비 기업' 취급을 하며 거래 이율을 한 자릿수에서 두 자릿수로 갑자기 올려버리는 등의 금융 권력을 휘두르는 것이 현실이다. 경기가 좋지 않고 기업 실적이 내려가면 금융은 이런 식으로 순식간에 채권자로 돌변해 채권 회수에 들어간다. 이런 금융 갑질이 시작되면 기업은 바로 쓰러질 수밖에 없다.

여느 위기의 기업들이 그렇듯 나도 2012년 기업 회생 절차에 들어섰다. 법원 관리하에서 기업을 운영한다는 것은 두 다리를 묶고 마라톤에 나가는 것과 다름없었다. 그렇지만 나는 필사적인 노력으로 세금을 완납하고 협력업체 결제 및 급여 정상화 등의 요건을 충실히 갖춰 회생 절차를 1년 만에 종결했다. 지금 남기는 몇 줄의 글만으로 설명되지 않는 결코 간단하지 않은 여정이었다.

그런데 문제는 그다음 단계에서도 있었다. 회생 절차가 종결된 이후 다시금 사업을 진행하고 기업을 성장시켜야 하는데, 그 바탕에는 자본의 원활한 유통이 반드시 가능해야 한다. 그러나 여기서부터 또 막혀버리는 것이다. 겨우 회생을 시켜놨더니 재기 기업을 위한 금융 시스템이 없었다. 기업 회생제도라는 것도 채무 조정만 해놓고 기업은 방치해놓는 수준이었다.

기업이 죽으면 금융도 존재할 수 없다. 그래서 기업에도 방어권이 필요하다. 은행이 채권 회수에 들어가는 순간, 해당 기업이 수십 년간 쌓아 올린 자산 가치는 약탈 수준의 헐값이 매겨지고 처분된다. 기업에 시간을 충분히 줘서 방어를 할 수 있게 해줘야 한다. 이런 식으로 기업을 옥죄면 살아남을 기업은 하나도 없을 것이다. 언제까지 이런 전근대적인 금융 시스템에 놓여 있어야 하는지 답답할 뿐이다.

채무자도 금융 소비자다. 마땅히 존중되어야 할 권리가 있다. 실적이 좋을 때는 고객 대우를 해주다가 실적이 떨어지면 갑자기 채무자 지위로 격하시켜 이자율을 급격하게 올리고 채무 독촉을 해대면 결국 기업은 두 손, 두 발 다 들 수밖에 없다. 어디 그뿐인가? 방만 경영 따위의 이유를 들어 기업인의 위상을 졸지에 추락시켜 범죄자 프레임에 가두기도 일쑤다. 과연 금융이 원하는 것이 이런 모습인가? 결국 견디지 못한 기업들의 도산이 도미노처럼 이어지고 그로 인한 실업자를 대량 양산하고, 창업하다 망하면 다 죽는다는 절망감과 불신을 사회 전반에 심어주는 것이 진정 그들이 원하는 것인가?

나는 채권자와 채무자, 근로자들이 모두 상생하는 방법을 찾고 싶었다. 현재 나와 있는 방법이 없다면 직접 만들겠다는 생각이 들었을 정도로 시급한 일이었다. 물론 나 혼자 힘으로는 역부족이었기에 키코 공대위 활동을 하며 만들어진 나의 인맥 풀을 믿었다. 나는 두 팔을 걷어붙이고 뜻있는 분들을 모시기 시작했다. 그렇게 재도전이 가능한 사회, 패자 부활이 가능한 나라를 만들겠다는 소신을 지닌 분들이 한 분, 한 분 모이더니 장세일 일성 회장, 이성민 엠텍비젼 회장, 박용관 동화산기 회장, 임종남 알엔아이소프트 사장, 김왕기 캐프컨설팅 사장이 발기인이 되어 2013년 10월 창립대회가 개최됐고 2014년 2월에 감격스러운 조직이 완성됐다. 창립협회의 이름은 '한국기업회생지원협회'다. 과도한 부채로 어려움에 직면한 기업들의 신속한 재기를 돕는 법부무 인가 공인단체다.

키코 피해 기업과 벤처기업이 주축이 된 한국기업회생지원협회는 법정 관리, 워크아웃을 미리 겪어본 선배 기업들의 현실적 조언과 금융·회계·법률·컨설팅 전문가들의 전문 지식 제공을 통해 어려움을 겪고 있는 기업들의 재도전을 좀 더 조직적으로 지원해보자는 뜻을 모아 만들었다. 더는 우수한 기술력을 지닌 알짜 기업들이 투기 자본에 헐값으로 매각되는 것을 바라볼 수만은 없었다. 실패한 기업인들과 채무자들의 인권과 권리 향상 문제 또한 손 놓고 있을 일이 아니었다.

2014년 창립 이후, 협회는 질적으로, 양적으로 발전을 거듭하고 있는 중이다. 어떤 부분에서는 성과를 내고 어떤 부분에서는 아직도 기대에 못 미치고 있지만 그래도 협회는 순항 중이다. 모든 것이 과정이기에 일희일비하지 않고 우리의 역할을 충실히, 묵묵히 할 뿐이다. 기업 안전망을 촘촘히 구축하고 서로의 지혜를 모아 우수 기업의 재기를 돕는 마중물이 되겠다는, 그리하여 결국 우리 사회에 재도전 생태계를 구축하겠다는 굳건한 신념과 함께 말이다.

지금 어려움을 겪고 있는 기업, 재도전이 필요한 경영인, 누구든 재기하고 싶은 분들은 망설이지 말고 협회로 오기 바란다. 경영인들이 내부의 어려운 사정을 외부에 알리기를 꺼리는 것도 모르는 바 아니다. 그러나 그동안 피땀 흘려 일군 기업과 직원을 살리려면 빠른 결단이 필요하다.

한국기업회생지원협회에는 구조대가 있다. 한국 최고 수준의 기업 회생 전문가들과 기업 구조조정 전문가들이, 회생과정을 먼저 겪어낸 선배 기업인들이 온 힘을 다해 당신의 재도전을 도울 것이다. 기초체력이 남아 있을 때 조속히 대응하면 정부의 지원책도 더 많이 활용할 수 있으니 홀로 외로운 싸움을 더는 하지 마시라. 지금 여기, 우리가 함께 있다.

▶ 중소기업중앙회에서 재도전 기업들과의 정책 간담회 개최(한국기업회생지원협회 주관) | 2017년 4월

# 패자 부활의 가능성을
## 보다

기업을 운영하다 보면 원치 않아도 위기를 맞을 수 있고 자력으로 극복하기 어려운 경우도 있다.

'존폐의 갈림길에서 고뇌할 때 경험 있는 누군가의 조언과 절차적 지원이 있다면 얼마나 힘이 될까?'

지난 회생과정에서 홀로 고전하면서 수없이 되뇌었던 물음이었다. 아무도 답해주지 않을 걸 알지만 속에서 자꾸만 차오르던 간절함이었다.

한국기업회생지원협회는 이런 나의 체험적 질문에서 출발했다. 갑작스러운 경영 환경 악화 등으로 경영 위기를 맞거나 이미 법정관리 상태로 퇴출 위기에 놓인 중소·중견기업들 중에 재기를 희망하는 기업이 있다면 발 벗고 나서 적극적으로 지원하기 위해 설립된 단체다. 협회는 3가지의 큰 목표를 먼저 세웠다.

첫째, 기업 회생 절차를 진행 중이거나 이미 졸업한 기업들이 서로 경험과 정보를 공유하고 분야별 전문가그룹과 매칭해 재기의 발판을 마련한다.

둘째, 우량 중견기업이 사업 확장이나 자본 투자를 희망해도 회생기업과 연계해 기업 성장 계기를 부여하고 이로써 동반 성장의 새로운 패러다임을 제시한다.

셋째, 현행 정부 주도의 기업 회생제도는 다양한 기업 현실을 반영하지 못하고 정책의 적시성·실효성 측면에서 한계가 있으므로 협회에서 지원하는 기업 회생 지원은 '경험 있는 창업'이라는 신념으로 한 번 실패한 기업도 재도전 기회를 열어갈 수 있도록 한다. 이를 위해 민간 주도형 산업 자본 및 투자 자본과의 마중물 역할을 함으로써 기업의 신속한 재기와 국가 경제 발전에 기여한다.

목표를 실현하기 위해 경영 진단 컨설팅·법률·회계·세무·금융분야 상담 지원, 기업 회생 신청 및 인가 절차 진행에 필요한 법률자문, 회원 기업 상호 간 투자 교류 및 민간 자본 유치 지원, 기업 회생분야 전문가 양성을 위한 교육 사업, 회원 기업 상호 간 경영 정보 교류 활성화, 회생 기업 재기 지원을 위한 정책 개발 및 간담회 개최 등의 주요 추진 사업을 추진하고 있다. 또한 정부와 함께 패자부활이 가능한 법 시스템을 만드는 데 함께하거나 입법 건의 활동을 적극적으로 전개하고 정부가 가지고 있는 기술을 이전시켜 제품 경쟁력을 강화해주는 일도 사업에 포함했다. 연구·개발분야가 튼

실해야 좋은 제품이 나오고 그로 인한 매출 상승과 수익 상승이 재기를 견인하기 마련인데 실패한 기업들 대부분은 사업이 기울어지기 시작하면 R&D 활동부터 중단한다. 그 부분을 다시 살려줄 필요가 있었다. 실패한 기업인의 인권 등 채무자 인권 문제 개선과 제도적 보완을 위한 활동도 포함했다.

앞서 설명한 협회의 목표와 사업 방향은 뜻을 함께하는 기업인들과 전문가들이 밤을 새워 토론하고 고심한 끝에 결정한 지원 목표와 사업의 줄기다. 협회가 후배 기업에 경험 있는 선배이자 조력자로, 자금 여력을 갖춘 중견기업과 난관에 봉착한 기업 간의 연결고리로, 회사와 채권단이 서로 상생하는 길을 안내하는 선의의 중재인 역할을 하기로 한 것이다.

특히 기업 회생에 필요한 모든 것을 구석구석까지 챙기려고 노력하는 중에 기업의 경영 정상화를 위한 자금 수혈에 대한 구상을 민첩하게 진행했다. 독창적인 기술을 갖고 있으면서 재기를 꿈꾸는 중소기업과 사업을 확장하려는 우량 중견기업 사이에 가교를 놔준다면 더 큰 시장이 창출될 것이기 때문이다.

또한 사모펀드 일부가 자금 지원을 대가로 수익 배분을 지나치게 요구하는 바람에 기업은 항상 배고프고 정상화 속도도 더뎌진다고 판단하여 '선(先) 정상화, 후(後) 배분'을 골자로 한 합리적 펀드 조성도 구상했다. 자산 유동성 지원이야말로 기업 회생의 열쇠인데 현재 우리나라 금융 관행상 기대하기가 어렵기 때문에 좀 더 창조적이고 혁신적인 아이디어가 필요했다. 나는 아이디어 도출을 한 트랙으로 가져가면서 또 다른 트랙으로 현재의 잘못된 금융 시스템을 바로잡고 실패한 이후에도 재도전할 수 있는 풍토를 조성하기 위해 바삐 움직였다. 협회가 출범한 후 3년여 동안 청와대와 국회, 금융위원회, 금융감독원, 전국경제인연합회, 중소기업청 등 재도전 기업 활동과 관련된 정부 기관을 모두 찾아다녔다. 그리고 그 노력의 결실들이 고맙게도 조금씩 나타나기 시작했다.

2017년, 한국기업회생지원협회가 출범하고 3년이 채 지나지 않았을 때다. 점심시간 즈음하여 특별한 분이 식사를 같이하자며 찾아왔다. 다양한 주조 기술을 갖춘 업체인 갑산메탈의 김태헌 대표였다. 식사를 대접하겠다는 그에게 나는 기쁜 마음으로 밥을 얻어먹었다. 내게 밥을 사준 그는 상당한 금액의 후원금까지 놓고 돌아갔다. 환하게 핀 그의 얼굴이 얼마나 좋아 보이던지 말로 다 못한다. 갑산메탈은 한국기업회생지원협회가 추진한 크라우드 펀딩 프로젝트 1호 기업이다.

내가 직접 겪기도 한 부분인데 몇 번이고 강조하는 것이 바로 자금 유동성 지원 문제다. 회생 절차를 거친 기업은 아무리 전도유망하더라도 낮아진 신용등급 때문에 제도권 금융 기관과의 여신 거래가 힘든 경우가 많다. 그래서 좀 더 혁신적이고 창조적인 자금 지원방법을 꾀할 필요가 있었는데 크라우드 펀딩이 우리가 고안해 낸 방법이었다. 우리는 작은 규모의 기업에는 크라우드 펀딩을, 회생 가능성이 충분한 기업들에는 기업 구조조정 전문회사인 유암코 (UAMCO, 연합자산관리주식회사) 등에 자금 지원 추천 활동을 하기로 하고 갑산메탈을 크라우드 펀딩 1호 기업으로 선정했다.

갑산메탈은 지난 2011년에 납품가는 제자리인데 원자재 가격이 급등하는 바람에 빚을 계속 져야만 했다. 빚은 감당할 수 없을 정도로 불어나 결국 회생 절차를 밟아야 했고 자구책을 마련해가며 빚을 꼬박꼬박 갚은 끝에 2016년 1월에 회생 절차 종결 결정을 받았다. 어렵게 회사는 살렸다지만 근원적인 고민이 해결되지는 않았다. 제품 생산에 필요한 재료를 살 때마다 외상으로 샀다가 납품 대금을 받아 갚다 보니 항상 높은 가격으로 재료를 구매해야 했던 것이다. 생산단가가 높아지면 그만큼 영업이익은 떨어지는 법, 그래서 현금이 필요했다. 그러나 회생 절차를 겪은 기업이란 이유로 시중 은행에서는 대출을 해주지 않았다. 그러다 김태헌 대표가 찾은 곳이 바로 한국기업회생지원협회였다.

나는 그에게 크라우드 펀딩을 제안했다. 크라우드 펀딩을 통해 대출자금을 마련해 보자는 것이었다. 독점적 기술도 있고 안정적인 거래처도 있는 회사이니 투자의 요건은 충분히 갖췄다고 생각했다. 단, 성공 가능한 액수로 진행하자는 조건을 내걸었다. 당장의 갈급함으로 무리하게 펀딩을 진행하는 것보다 실현 가능한 수준에서 펀딩을 성공시키는 것이 장기적으로도 더 중요하기 때문이다. 펀딩 성공이 '신뢰'의 발판으로 쓰일 수 있기 때문에 돈에 욕심내지 말고 확실한 신뢰를 얻자는 생각이었다.

갑산메탈이 필요한 대출액수는 5억 원이었다. 그러나 나는 크라우드 펀딩 플랫폼인 팝펀딩과 함께 의견을 조율해 우선 3,000만 원을 선착순 방식으로 펀딩받기로 결정했다.

4시간.

놀랍게도 펀딩 개시 후 단 4시간 만에 투자가 완료됐다. 갑산메탈은 4시간 만에 부동산 담보나 채권 담보도 없이 100% 신용 대출로 3,000만 원이라는 현금이 생긴 것이다. 물론 펀딩 규모가 크다고 할 수 없지만 펀딩 성공으로 갑산메탈은 앞으로 추가 대출을 받을만한 신뢰를 얻었다. 실제로도 그런 일이 생겼다. 크라우드 펀딩 성공에 힘입어 엔젤투자자들로부터 1억 원을 추가 펀딩을 받아 현금 유동에 안정을 꾀할 수 있게 된 것이다. 제도권 금융이 철저하게 외면하고 있는 회생 기업에 대한 크라우드 펀딩 성공은 규모를 떠나 매우 고무적인 사례가 되었다. 갑산메탈은 펀딩 성공을 계기로 2분기 영업이익률 10%를 넘겨 경영 정상화는 물론 다시금 성장궤도에 들어설 수 있었다.

당시 펀딩 성공을 위해 한국기업회생지원협회의 자문위원과 전문위원, 그리고 임종남 상근부회장, 신현욱 팝펀딩 대표, 기업 금융 전문가 권일진 전문위원, 실무를 전담한 윤병운 사무국장 등 협회에 속하거나 관련된 전문 인력들이 혼신을 다해 움직였다. 단 3,000만 원의 펀딩이었지만 한국기업회생지원협회의 주축이 회생 기업

들이다 보니 그 의미와 감격은 더 크게 다가왔다. 성과가 나기 시작
하니 점점 일할 맛이 났다.

이어서 나는 협회의 지원방향과 규모를 더 키울 방법을 고민하
기 시작했다. 그때 유암코에서 1,000억 원 규모의 '기업 회생 지원
펀드'를 조성한다는 정보를 접했다. 나는 바로 유암코와 접촉을 시
도했다. 그리고 갑산메탈에 32억 원, 일성에 50억 원 등 총 82억 원
규모의 투자를 끌어내는 데 혼신의 힘을 다했다. 지금껏 법정 관리
기업에 금융 기관이 투자한 사례가 없었기 때문에 유암코의 투자
결정은 재기 지원 금융의 첫 물꼬를 트는 역사적인 분수령이었다.

▶ 박선숙 의원께서 직접 한국기업회생지원협회에 방
  문하여 재기 지원정책 수립 관련 협의를 하고 있는
  장면 | 2015년 5월

회사가 가진 담보나 실적이 아니라 기술력과 성장 잠재력만을 보고 투자를 결정하는 순간이었다. 기쁨과 긴장이 교차했다. 한 번쯤 마음 놓고 기뻐하기만 해도 좋을 텐데 내 성격상 그게 안 된다. 유암코의 투자는 또 다른 시작을 의미했기 때문에 긴장의 끈을 바짝 조였다. 유암코의 투자 결정이 대한민국 금융사에 한 획을 긋는 획기적 전환점이자 우리나라도 금융 약자들의 패자 부활을 지원하기 위한 사회적 풍토가 조성되고 있다는 청신호가 될 수 있도록 끊임없이 움직여야 한다. 이 역시 한국기업회생지원협회의 역할이기 때문이다.

# 실패를 넘어선다,
## 한국재도전연합회

촛불 혁명으로 정권은 바뀌었지만 우리나라 경제 민주화는 첫 페이지도 못 열고 있는 실정이다. 양극화 심화로 경제적 실패자는 계속 양산되고 있고 정부가 내놓는 정책은 여전히 무능하고 실효성이 없다.

나는 키코 사태를 통해 실패자의 숫자를 줄여가는 것이 경제 민주화의 선제적 조치임을 깨닫고 지난 10여 년간 수십 가지의 정책집을 만들어 청와대 경제수석들과 고위 관료, 언론인, 정치인들, 시민사회단체 등 우리 사회 오피니언 리더들을 만나 설득하며 많은 시간을 써왔다. 여러 단체를 만들어 이끈 것도 그런 노력의 일환이었다. 그러나 지금까지의 노력에도 불구하고 요즘 나오는 재도전 사업들은 매우 실망스럽다. 정부 관계처에서 나오는 재도전 사업들은 생색내기 정도거나 금융업자들의 이권 챙기기 방향으로 흘러가니 지난 10여 년의 활동이 허무해질 뿐이다.

얼마 전, 모 지자체에서 재창업자 지원 프로그램이 생겼다는 소식을 듣고 반가운 마음으로 들여다봤다가 아연실색하지 않을 수 없었다. 현재 수십만 명이 폐업한다는 지자체에서 겨우 3,000만 원 지원을 하는데 그것도 겨우 15명 한정이었다. 나는 바로 예산구조를 뜯어봤다. 예산이 6억 원으로 책정됐지만 그중 4억 5,000만 원만 지원하고 나머지 1억 5,000만 원은 지원 대상자 15명의 역량 강화 교육에 쓰인다는 것이다(겨우 12시간인데도 말이다). 더 기가 막힌 것은 그 교육과정에 이 분야의 유일한 전문가집단인 한국재도전연합회 소속의 어떤 전문가도 참여하지 않고 있다는 사실이다. 비전문가가 진행하는 교육에 조족지혈의 예산을 그나마도 또 쪼개 부으면서 쓰고 있었다. 사업을 일으켜 성공해본 경험도, 실패해서 인생의 나락에 빠져본 경험도, 그걸 딛고 다시 재기를 한 경험도 없는 사람들이 컨설팅하는 재도전 프로그램이 과연 의미가 있을까?

주빌리은행에서 하는 사업과 관련된 사례도 있다. 민간에서 잘하고 있는 사업을 기관이 지원해주기는커녕 캠코(KAMCO, 한국자산관리공사), 신용회복위원회 등에서 채권 소각 사업을 흉내만 내는 정도로 진행하는 바람에 그 의미와 효과를 퇴색시켜버렸다. 채무자 대부분은 다중 채무자인데 천편일률적으로 1,000만 원 이하, 10년 이상의 채권만 매입 소각 대상으로 선정하다 보니 채무로부터 구제시켜 회생의 길로 안내하는 입체적이고 직접적인 지원이 되지 못했다.

보여주기식 전시행사밖에 안 되는 사례를 하나씩 지켜보고 있자니 재도전 사회를 위해 땀 흘린 10년의 시간이 한순간 의미를 잃은 것 같아 허탈하고 화도 났다.

나는 현장에 답이 있다는 소신으로 살고 있다. 나의 소신이 들어맞지 않은 경우는 지금껏 보지 못했다. 재도전 사회를 만드는 것도 마찬가지다. 현장을 모르는 사람들이 정책을 만들면 반드시 실패한다. 정부 부처에서 만든 재창업 패키지 사업들이 족족 실패하는 이유가 여기에 있다. 정부 기관은 경험 있는 전문가집단이 민간에서 만든 사업들을 뒤에서 밀어주기만 하면 된다. 민과 관이 서로 잘하고 할 수 있는 분야를 나눠 놓고 사업을 진행할 때 강력한 시너지 효과가 나타나면 나타나지 실패할 수가 없다.

나는 지금 이 순간에도 나오고 있을 실패자들의 숫자만 줄여가도 사회 양극화는 해소된다고 생각한다. 그 선제적 조치가 바로 경제 민주화다. 정부는 단기적인 재도전 프로그램을 내놓고 뒷짐을 질 것이 아니라 경제 민주화에 대한 확실한 의지를 갖고 정책을 구상할 필요가 있다. 당장 재도전 사업과 관련해서도 모든 자금과 결정권을 정부 영역 안으로만 틀어쥐고 앉아 관치하지 말고 민간 주도로 잘 하는 일은 과감하게 이양하는 것이 바람직하다. 그러다 시장에서 실패가 발생하면 언제든지 개입해 솔루션을 찾으면 된다.

나는 지독하다는 소리를 들을 만큼 좋든 싫든 무엇이든 하나를 마음먹으면 끝까지 해내는 성격이다. 250만 원으로 창업을 했을 때처럼, 전 세계를 다니며 사업을 일으켰을 때처럼, 키코 공대위 활동을 했을 때처럼 한번 꽂히면 끝까지 간다. 키코로 인해 인생 2막을 열었고, 누구나 재도전을 할 수 있는 사회를 만드는 것이 지금의 내 목표다. 재도전에 관한 당국의 형편없는 인식 수준을 끌어올리기 위해 내가 얼마나 더 목소리를 내고 얼굴을 붉혀야 하는지 모르겠지만 끝까지 해볼 생각이다.

한 번 실패해도 기회와 지원만 있으면 기업은 산다. 살아남는다. 실제로 신생업체보다 재도전 기업의 생존율이 두 배 이상 높다.* 실패를 통해 얻은 교훈을 성공의 자산으로 삼기 때문이다.

도전과 실패의 소중한 가치를 인정해주는 것이 우리 사회를 성장 사회로, 진정한 의미에서의 신용 사회로, 건전한 산업 사회로 만드는 가장 빠른 길이 된다. 나는 한국기업회생지원협회를 창립하고 활동하면서 패자 부활의 가능성을 보았다. 문제는 그 가능성이라는 물음표가 실현이라는 확실한 느낌표가 되려면 재도전의 가치가 우리 사회의 기초 덕목으로 쓰여야 한다는 점이다. 나는 그 씨앗을 심는 일을 한국기업회생지원협회로 시작한 것이다. 하루빨리 이 사회를 움직이지 않으면 수많은 실패와 낙오, 절망만이 우리 사회를 성장시킬 엔진룸에 가득 차리라는 두려움이 엄습했다. 지금껏 정부는 재도전에 대한 명확한 인식과 금융·제도적 지원 마련도 없이 국민

---

*「재도전 기업 생존율, 전체 창업 기업보다 2배 이상 높았다」, 〈매일경제신문〉,
 2015. 11. 24.

에게 창업하라며 등을 떠밀고 있다. 그러면서 지원하는 거라곤 창업 지원금 몇 푼과 교육 정도다. 물론 그 교육도 '창업'에 방점이 찍혀 있다.

나는 이런 방향부터가 잘못됐다고 생각한다. 창업을 독려하기에 앞서 '재도전'이라는 기반부터 튼튼하게 닦아놔야 한다. 얼마 전, 창업을 준비하는 청년 5,000명이 집단 창업 교육을 받았다는 소식을 들었다. 솔직한 심정으로는 도시락 싸 들고 가서 말리고 싶다. 아무리 그래도 국가 기관이 시행하는 프로그램일 텐데 가치 평가가 너무 야박하지 않으냐 해도 내 답은 똑같다. 창업이라는 형태가 나빠서가 아니다. 나도 창업을 해서 지금까지 살아왔다. 창업을 통한 새로운 산업의 등장은 경제 성장과 국익을 위해 반드시 필요하다. 그러나 지금 상태에서는 그것이 실패했을 때 받을 리스크가 너무나 크다. 특히 꿈과 이상 실현을 위한 창업이 아닌 생계형 창업이 목적이라면 더욱더 지금 멈춰야 한다.

현재의 우리나라 시스템으로는 사업을 성공시키기가 만만치 않고 지원제도도 열악하다. 혹여 실패할 경우 재기는 거의 불가능에 가깝다. 대한민국이 자살공화국이라는 오명을 쓰고 있는 이유를 들여다보면 사업 실패에 따른 처지 비관이 대다수다. 새로운 도전에 대한 사회적 환경이 죽음까지 감내해야 할 정도로 매우 야만적인 것이다. 사업하다 망하면 죽을 때까지 채권 추심을 당하고 국세는 무덤까지 간다. 재기를 위한 대출도 불가능하고, 실패 이력 때문에 새로운 비즈니스 파트너를 만나 협업하는 것도 불가능하다. 왜냐하면 실패 이력이 있으면 아무리 많은 수주를 따와도 협업하는 사람에게조차 보증 기관에서 보증 지원을 거부한다. 한마디로 신용 창출부터가 불가능한데 신용 대출과 그 이상의 펀딩이 가능하겠는가? 설마 국가가 그렇게 무책임하겠느냐고? 이미 우리나라는 거대 금융 회사의 손에 놀아나는 수준이라 정부의 입김도 먹히질 않는다. 오히려 금융 권력 편에 서서 자기 잇속을 차리는 모피아그룹이 포진해 있을 뿐이다. 그들은 청년 창업자의 편이 아니다. 재기 기업인들의 편도, 국민의 편도 아니다. 오로지 모피아 자기 자신들만을 위한 사람들이다. 이런 환경이 근본부터 바뀌기 전에는 그 누구에게도 나는 창업을 권하고 싶지 않다.

자, 그럼 창업을 영영 하지 말라는 얘기인가 싶을 것이다. 아니다. 때를 기다리라는 것이다. 그 '때'를 만들어내려는 사람들이 있다. '한국재도전연합회'에 모인 사람들이다.

한국재도전연합회는 한국기업회생지원협회가 중심이 되어 한국 재도전중소기업협회, ICT 리스타트협회, 재기경영자회, 재기중소기업개발원 등 재기 지원단체 5개가 뭉친 단체로 재도전분야의 유일한 전문가집단이다. 우리 사회를 이대로 놔둬서는 안 된다는 생각을 공유해 재도전이 가능한 사회로 만들어야 한다는 일념으로 모였다. 소상공인 재도전 시스템 구축을 위한 업무 협약을 소상공인연합회와 체결했다. 최고의 전문가들이 모여 길을 내고 있으니 당국이 규제만 늘리는 관료주의의 병폐를 벗어 던지고 민간의 재도전 사업에 합을 맞춰주길 바랄 뿐이다.

경기도에서 수년간에 걸친 나의 제안을 받아들여 150억 원 규모의 재도전펀드를 지자체로는 처음으로 조성했다. 하지만 내가 제안했던 금액에 턱없이 모자라서 당시에 매우 상심했다. 이후 2019년 11월 1일에 은성수 금융위원장과의 면담 자리에서 내가 다시 한 번 국가 차원의 대대적인 성장 금융펀드가 필요하다고 역설했고 경기도가 조성한 펀드의 100배인 1조 5,000억 원 규모의 기업 구조조정 매칭 펀드가 조성되어 대한민국 턴어라운드 시장에 획기적인 전기를 마련하게 됐다. 나는 이참에 신용도가 낮은 재도전 기업들의 원활한 운영자금 지원을 위해 재도전금융공사 또는 재도전신용보증기금의 설치를 각계에 제안하고 있다.

재도전 시스템 구축이라는 과업을 경험도 없고 현장을 모르는 관료나 금융업자들의 손에 또다시 맡긴다면 숫자 적힌 서류 몇 장 정도나 될 뿐 세상의 빛을 보지 못할 게 자명하다. 한국재도전연합회는 재도전을 하나의 문화로 사회에 정착시켜 양극화를 좁히고 국민의 경제 해방을 도모하여 우리나라를 공동 번영이 가능한 나라로 만드는 데 힘쓰려고 한다.

작은 물줄기도 모이면 강물이 되고 바다가 되어 물결친다. 우리나라의 척박한 재도전 환경을 경험한 선험자들이, 재도전의 필요성을 일찍이 알아본 전문가들이 내었던 작은 물길들이 이제 한 줄기로 모이기 시작했다. 이제 이 연대의 물결을 타고 사회로 나가 재도전을 가로막는 무능과 부패의 찌꺼기는 밀어내고 생명이 움틀 수 있는 맑은 물을 모을 것이다. 그때가 되면 누가 시키지 않아도 내가 먼저 나서서 이 땅의 청년들에게 꿈을 펼치라고, 자신만의 사업을 해보라고, 세계 무대에 나가보라고 할 것이다. 실패해도 좋다는, 실패는 끝이 아니라 새로운 경험의 축적이라는 말과 함께 어깨를 다독이며 말이다.

▶ 한국재도전연합회, 재도전성공포럼 개최 | 2019년 10월

# 제2의 키코 사태 예방을 위한 제언 ①
## 정부가 해야 할 일

**금융소비자보호원을 신설하라!**

하버드대학교에서 파산법을 강의하던 엘리자베스 워런 교수는 미국 중산층의 몰락을 목격하면서 대형 은행들의 대출행위에 강한 문제의식을 느꼈다. 파산을 신청하는 사람들 대부분이 갚지 못한 은행 대출금과 불어나는 이자 때문에 빈곤층으로 내몰리고 있던 상황이었다.

고객의 파산이 늘어날수록 은행의 손해 또한 늘어날 수밖에 없었다. 그런데도 은행들은 대출을 멈추지 않고 있었다.

워런 교수는 씨티은행이 주최한 한 세미나에서 은행이 손실을 줄이고 싶다면 고객들의 신용도를 조사하고 경제적 어려움이 있는 사람들에게는 높은 금리의 대출을 하지 않을 것을 주장했다. 매우 합리적인 주장이었다.

그러나 워런 교수의 이런 주장을 은행은 가볍게 무시했다. 은행은 대출을 중단하고 싶지 않았던 것이다. 심지어 은행은 대출 상환을 연체하는 고객에게 또 다른 대출을 권하고, 담보 대출을 권하고, 신용카드를 권했다. 말하자면 부채의 규모를 되레 은행이 키우고 있는 형국이었다. 그 이유는 간단하다. 은행은 대출을 해주면 해줄수록 이익을 보기 때문이다. 지금 당장 파산 신청이 필요한 사람에게 대출로 1년의 시간을 연장해주면 은행은 그 시간만큼의 더 높은 금리와 수수료를 얻을 수 있다. 또한 은행들은 경제가 악화하는 중에도 기업들에 돈을 대거 빌려주며 자신들의 몸집을 계속해서 불려 나갔다.

그렇게 초대형 은행으로 몸집을 키워놓자 이번에는 정부가 긴급 구제자금까지 쏟아가며 이 초대형 은행이 망하지 않도록 보호를 해주기 시작했다. 거대 자금이 얽혀있는 금융 회사가 망하면 경제에 미칠 영향이 크기 때문이다. 말 그대로 '대마불사', 절대 망하지 않는 거대 금융기업의 탄생이었다.

워런 교수는 고객의 부채를 악질적으로 이용하고 금융 정보의 비대칭을 이용해 파생 금융 상품을 팔기까지 하는 이 은행에 맞설만한 강력한 정부 기관 설립을 주장하기 시작했다. 이와 같은 워런 교수의 목적은 단순했지만 대담하기도 했다.

전국의 서민들을 이용해 먹는 금융 기관을 통제할 목적 단 하나를 갖고 운영할 기관, 사나운 감시견 역할을 하면서 모든 소비자 대출 기관을 감독하고 규제하는 권력을 갖는 기관*의 필요를 연방정부에 강력하게 요청했다.

워런 교수의 주장이 힘을 얻을수록 공화당과 미국 대형 은행들의 CEO, 로비스트들의 반대도 거세졌다. 하지만 버락 오바마 당시 대통령이 이끄는 백악관은 워런 교수의 주장을 지지하며 금융 소비자 보호를 적극적으로 실천할 권한과 책임을 가진 단일 규제 기관** 설립을 위한 법안을 통과시켰다. 그렇게 미국의 소비자금융보호국(Consumer Financial Protection Bureau)이 탄생했다. 금융 개혁의 칼날로 쓰일 이 기관의 설립을 반대하기 위한 대형 은행의 로비스트들과 공화당 소속의 반대파 의원들의 집요하고도 거센 반대를 워런 교수와 버락 오바마 대통령이 이겨낸 순간이다. 워런 교수는 소비자 금융보호국의 활동이 사람을 속이는 데 토대를 둔 수익모델을 영원히 추방하고 소비자들이 금융 상품들을 쉽게 비교해 최선의 선택을 할 수 있는 시장을 정립하는 등 금융 시장을 근본적으로 바꿔 놓을 것이라고 주장했고, 이를 다시 미국 대통령이었던 버락 오바마가 강력하게 지지하고 추진했던 결과였다.

그렇다면 우리에게도 금융 소비자 보호를 위한 국가 기관이 있을까? 금융위원회 등 형식상으로는 있다. 문제는 이들 기관이 소비자 보호를 위한 규제와 처벌 등의 강력한 권한 행사를 하지 않는다는

---

* 엘리자베스 워런, 《싸울 기회》, 박산호 옮김(에쎄, 2015), 227면.
** 같은 책, 247면.

것이다. 왜일까? 금융 소비자를 보호할 독립조직이 없을뿐더러 관련 법규도 부재하다는 것이 그 이유다.

2019년에 발생한 DLS·DLF 사태도 마찬가지겠지만 키코 사태가 터졌을 때 피해 구제를 위한 노력 역시 피해 기업 스스로 해야 한다는 점이 무척 어려웠다. 금융 당국의 중재가 미온적이기 때문에 결국 민사 소송으로 이어졌다. 그리고 소송에서는 피해자들이 상품 설계 자체에 문제가 있었다는 것을 규명해야 하는데 관련 분야의 전문가도 아니고 금융 정보 수집도 불리한 상황에서 이를 입증하기가 매우 어렵다.

만약 어렵게 피해자들이 승소해도 은행이 소송에 참여한 피해자들에게만 배상해주면 그걸로 사건은 종결된다. 몇 푼의 배상금으로 은행의 사기행위가 무마되는 것이다. 은행이 피해자의 소송을 두려워하지 않고 오히려 기다리는 듯한 태도가 이해되는 부분이다. 민사 소송은 재판 기간이 정해져 있지 않기 때문에 은행에서 시간을 길게 끌려면 충분히 끌 수 있고, 소송과 관련해서는 대형 로펌을 선임한 은행과의 힘 차이에서도 피해자는 불리하다. 또한 피해자가 다수인 대형 금융 사건의 경우 자료를 수집하는데도(이 역시 소송을 제기한 피해자들이 해야 한다) 많은 시간이 걸리고 소송에 참여하지 않은 피해자들은 소송이 끝나면 소멸시효 완성으로 청구권조차 사라진다.

금융소비자법의 핵심은 금융 소비자 보호와 제도적 기반을 마련하는 것인데 현재 금융 소비자 보호 관련 규제는 각 금융업권별 법에 따라 제각각 규정되어 있다. 금융소비자법이 마련되면 업권별이 아닌 상품 종류별로 규제할 수 있게 되고, 이에 따라 금융회사의 영업행위 준수사항이 구체화가 되면서 이를 위반하면 감독 당국이 징벌적 과징금을 부과할 수 있다. 분쟁이 발생했을 때 고의, 과실에 의한 입증 책임도 소비자가 아닌 금융회사가 지게 된다.* 그래서 금융소비자법과 이를 강력하게 실행할 금융기구가 필요하다. 이미 10년 전 발의된 이 법안은 국회와 정부의 정치 역학에 치여 아직 기본법조차 제정하지 못하는 상황이다.

2008년 세계 금융위기 이후 전 세계적으로 금융 소비자 보호의 필요성이 대두되었다. 미국의 워런 교수와 오바마 대통령이 그랬듯이 선진국들은 금융 소비자 보호법을 강화하거나 기구를 신설해 금융 소비자가 피해자가 되지 않도록 발 빠르게 대처하고 있다. 우리나라가 더디다 싶더니 그사이 DLS · DLF 사태 등이 터지며 새로운 피해자들이 계속 쏟아져 나오고 있다.

나는 키코 사태를 계기로 금융소비자보호원 설립을 최초로 주장하며 가열하게 운동을 전개해 왔다. 초대형 금융 사건이 터져도 금융위원회 조직이 금융 피해자 구제에 적극적으로 나서지 않았던 것은 그들이 금융 공급자들과의 관계가 일면으로 통하기 때문이다.

---

* 「[조연행의 소비자시대] 국회 · 정부 무능이 DLF 소비자 피해 키웠다」, 〈더팩트〉, 2019. 9. 21.

금융 관료들이 퇴직하면 전부 금융 기관으로 이동한다. 말하자면 한솥밥 먹는 식구끼리 강력한 제재가 가능할 리 없다. 따라서 금융 소비자보호원은 금융 관료들의 정책조직인 금융위원회로부터 완전히 분리된 조직으로 출범해야 한다. 2008년 키코 사태가 터졌을 때 금융소비자보호원이 설립되고 금융소비자법이 제정되었으면 어땠을까? 역사에 만약은 없다지만 두고두고 아쉬운 부분이다.

금융소비자법에 따르면, 금융회사는 상품을 판매할 때 불확실한 상황에 대해 단정적 판단을 제공하거나 해당 금융 상품이 우수하다고 알리는 불완전 판매를 금지하고 있으며 금융회사가 고의 또는 과실로 법을 위반해 소비자의 손해를 발생시키면 배상해야 한다고 규정하고 있다. 징벌 배상제, 입증 책임의 전환, 집단 소송제도 등 소비자 권익을 지키는 기본 3법이 포함되어 있다. 이런 법이 효력이 있어야 금융사들이 상품 설계단계부터 소비자들에게 피해를 주지 않도록 만들게 된다. 금융사가 고위험 금융 상품을 무차별적으로 판매할 수 있던 것이 키코 사태 등의 금융 사고의 직접적 원인인 점을 생각하면 금융소비자법의 제정이야말로 정부와 국회, 금융 당국이 제2의 키코 사태를 방지하기 위해 최우선으로 해야 할 일이다.

법 제정으로 금융소비자보호원을 독립된 기구로 세우고 강력한 규제와 처벌 권한을 부여해야 한다. 이를 통해 금융사들 스스로 내부 통제를 강화하여 도덕적 해이를 바로잡고 단기 이익에 집착하는 영업 관행을 금융 소비자 중심의 경영 패러다임으로 바꾸도록 유도

할 수 있을 것이다.

윤석헌 금감원장 취임 이후 무려 1년 4개월을 끌어온 일성하이스코, 원글로벌미디어, 재영솔루텍, 남화통상 등 4개 기업의 재조사 결과에 대해 2019년 12월 13일에 발표한 금감원 분조위(분쟁조정위원회) 권고안을 은행이 적극적으로 수용하여 키코 피해 기업들과 대화합의 단초를 마련해야 할 것이다(금감원이 발표하는 날, 고 임종묵 비엠씨어페럴 회장님의 사모님에게서 전화가 왔다. 반드시 원한을 갚아달라고 말씀하시면서 하염없이 눈물을 쏟으셨다. 키코로 100년 된 종갓집과 회사를 다 날리고 남편인 임 회장님은 건강을 잃어 타계하셨다. 사모님께서는 현재 병환으로 몸져누워 병원에 계신다).

금감원의 재조사를 통해 새롭게 밝혀진 은행의 불법행위가 얼마나 심각하고 조직적이었는지 분쟁 조정2국의 조사보고서가 잘 웅변해주고 있다. 검찰은 지속적으로 발생하는 금융 소비자 피해를 막기 위해 즉각 과거 대법원에 의해 면죄부가 주어진 판결이 얼마나 부실했으며 대형 로펌의 로비력에 의한 기만적 판결과정을 소상히 밝혀내 관련자들을 처벌해야 한다. 중소기업 자산은 국가가 보호해줘야 한다. 이를 외면하라고 국민이 허한 적이 없다.

따라서 약탈 금융의 실제판이라 할 수 있는 키코 사태의 조속한 해결 역시 필요하다. 키코 피해 기업의 연대 보증인 보증 해지와 보증 채무 면제, 전폭적인 수출 보증 지원, 신용등급 향상, 한국은행 특별 융자 이자율을 적용해 무너진 수출 중소기업의 사업 활로를

▶ 키코 사태 재발 방지책 강구를 위한 사회단체 참여 활동 모습(사단법인 벗)

▶ 키코 사태 재발 방지책 강구를 위한 사회단체 참여 활동 모습(국회)

터주고 키코와 DLS·DLF 사태의 피해 구제기금을 조성할 필요가 있다. 아울러 키코 민관 합동조사위를 설치해 오버헤지된 기업들을 심층 조사하는 것도 필요하다.

키코 사태가 금융 사건에 의한 피해자 구제방법과 소비자 권익 증진방법의 좋은 선례로 남아야 금융 사건으로 무너진 금융 당국의 신뢰가 회복될 것이다. 그래야 비로소 중소기업과 금융 당국이 침

▶ 키코 사태 재발 방지책 강구를 위한 사회단체 참여 활동 모습(창조경
제연구회)


체한 수출 경기를 끌어올리고 국가 경제를 견인하는 원팀이 될 수

있다.

제2의 키코 사태 예방을 위한 제언 ②
# 금융사가 해야 할 일

**고위험 상품을 팔지 마라!**

20년 전, 천재 1명이 수만 명을 먹여 살린다는 슬로건이 있었다. 신자유주의의 물결이 한 문장으로 응축된 것이다.

외환위기 이후 초일류 지상주의가 나오면서 우리 사회는 최소한의 방벽도 다 허문 채 무한 경쟁 속으로 경제 주체들을 밀어 넣었다. 국가의 생존과 미래를 소수의 천재 몇 명에게 맡길 수 있다는 논리에 경도된 사회는 브레이크도 없이 양극화 사회로 치달았고 심지어는 은행에도 신자유주의의 풍토가 만연해졌다. 그리고 공공의 영역인 은행마저 방카슈랑스(Bancassurance, 은행을 뜻하는 'Banque'와 보험을 뜻하는 'Assurance'의 프랑스어 합성어로, 은행이나 보험사가 다른 금융부문의 판매 채널을 이용해 자사 상품을 판매하는 것을 말함) 물결을 타고 약육강식의 대열에 합류해 고수익만 좇는 집단이 되어 버렸다. 그리고 그 결과가 시간이 흐른 요즘 고객들의 피해로 나타나는 중이다. 은행이 공공성을 잃어버리는 순간, 고객들의 삶은 하루아침에 나락으로 떨어진다. 삶의 기반과 직결한 금융이라서 이들에 의한 타격은 인생의 축 자체를 통째로 흔들어 놓는다. 지난 12년간 키코 사태를 체험한 피해 당사자로서 내가 겪은 고통이 어느 정도인지 짐작할 만한 사건들을 몇 가지로 정리해 소개하면 다음과 같다.

① 2008년 키코 사태가 발생해 2만 8,000평 공장 건설이 중단되고 공사 관련자들로부터 피 말리는 압박을 2011년 3월까지 받음.

② 다목적 소형 장비의 국산 개발에 기술적으로 성공했으나 연구 기술 개발자금을 운영자금으로 전환하여 사용한 결과, 양벌규정에 의해 대표이사 책임 여부를 놓고 3년간 치열한 법정 공방을 벌임. 결과는 징역 2년에 집행유예 3년을 받고 2013년에 종결됨.

③ 2008년 초, IPO 중단으로 자본 시장에서 주홍글씨가 붙어 450억 원 자본 조달이 무산됨.

④ 키코 사태로 글로벌 블랙 리스트에 올라 뉴욕 월가에 있는 금융사가 미국 법인에 대한 자금을 회수하는 바람에 소비자 소송 등 현지 업자들로부터 줄소송이 들어옴. 이로 인

해 독자 브랜드로 10여 년간 잘 운영해온 미국 사업이 중단됨.

⑤ 유럽 법인 현지 직원들이 국내 경쟁업자로부터 몰래 제품을 공급받으면서 현지 거래처를 모두 빼돌려 유럽 사업이 침몰함.

⑥ 키코 사태로 정신없는 사이 회사 내부 직원이 설계도면을 들고 나가 창업한 후, 복제품을 만들어 판매하는 바람에 영업망이 붕괴함. 대형 로펌을 끼고 특허 소송을 당해 역패소함.

⑦ 키코 사태 전만 해도 운영이 잘되던 중국 공장은 고스란히 사기꾼 손에 넘어감. 해당 사건 해결을 위한 시간적 여유가 없어 장기 해결과제로 남겨두고 있음.

⑧ 5년 전, 하청업체가 당사 납품용으로 만든 제품을 당사 고객들에게 직접 판매하는 바람에 브랜드 신뢰를 추락시킴. 결국 그 하청업체도 도산해 업계에서 퇴출당함. 동일 업자에게서 어음 사기 사건으로 역고소를 당해 대법원까지 가는 3년간의 법정 싸움을 했음. 대법원 무죄 판결로 종결.

⑨ 신규 사업분야로 정하고 진출한 콘크리트 펌프트럭 사업이 협력사의 고객 인터셉트(Intercept)로 좌절됨.

⑩ 은행의 계속되는 자금 회수로 인해 급여가 지연될 것 같아 불안해진 직원이 고용노동부에 신고하는 바람에 요주의

관찰 사업장으로 지정됨.

⑪ 8년간 4회에 걸친 공장 강제 축소 이전.

⑫ 한국무역협회 이사, 한국건설산업협회 감사, 경기무역상사 협의회 등 모든 경제단체 활동 중단.

⑬ 1등급이었던 개인 신용등급이 10등급으로 추락, 모든 개인 재산이 강제 처분됨.

⑭ 크고 작은 민·형사 사건 총 20여 건 발생, 모두 무죄·무혐의로 종결.

⑮ 국내 세무 당국 등으로부터 특별 세무 조사, 외국 현지 법인에 대한 현지국의 특별 세무 조사로 엄청난 압박과 스트레스에 시달림.

⑯ 법인 회생으로 인해 출자 전환이 된 후에는 지분 감사, 신용 추락으로 주변 사업관계자들과 지인들의 대거 이탈과 원망을 받음.

⑰ 회생 종결 전까지 법원에서 공동관리인이 파견되어 경영자의 지위가 유명무실화됨.

⑱ 친구와 후배의 배신으로 대인관계에 대한 가혹한 괴로움과 고통에 시달림.

⑲ 형제들 사이에서도 환 투기를 한 것으로 오해받아 가족 간 불화의 씨앗이 되고 신뢰를 상실함.

⑳ 형제와 아내의 연대 보증 때문에 피해가 전이되어 아내도

신용불량자가 됨.

㉑ 아내, 자녀들과 11년간 생이별을 함.

㉒ 주변 지인들에게 영원한 패배자와 인생의 채무자로 남음.


이처럼 나 개인의 상황을 간단히 정리해봐도 피해의 정도가 끝이 없다. 이 모든 게 은행에서 권유한 상품에 가입했던 결과였다. 금융 상품에 가입한 결과가 이렇다고 할 때 과연 어떤 고객들이 금융사들의 제안에 응할지 미지수다. 물론 내가 겪었던 이 모든 고통을 겪어낼 자신이 있는 누군가가 굳이 가입을 해보겠다면 그것까지 말릴 수 없겠지만 아마도 그럴 사람은 없을 것이다.

금융은 공공성이 생명이다. 그 공공성을 유지할 때에 고객들의 이용도 유지되고 증가한다. 만약 고객의 마음이 떠나면 그 순간 금융사도 존폐의 기로에 놓이게 된다. 금융사들은 눈앞에 보이는 고수익에 집착하지 말고 무너지고 있는 신뢰를 회복하는 것이 급선무다. 금융사가 고수익을 내는 구조로 KPI(Key Performance Indicator, 성과지표)를 짜서 운용한다면 제로섬 게임이 기본인 금융업에서 금융사 자신들을 존재하게 하는 고객의 신뢰를 잃고 결국 한 번에 사라질 수 있는 매우 위험한 행위를 하는 것과 같다. 고객의 신뢰를 배반하고 수익만 좇는다면 어느 고객도 안심하고 재산을 맡기지 않는다. 오히려 고수익에 홀려 몰려든 투기꾼들의 투기장으로 변모하고 장기적으로는 금융 생태계가 교란될지도 모르는 일이다.

금융사 근무자들은 알고 있는지 모르겠으나 요즘 금융사의 입지가 매우 위험하다. 세계경제포럼(WEF)은 2015년 금융부문 국가 경쟁력 보고서에서 한국 금융 산업이 우간다보다 못하다고 평가했다. 금융 경쟁력 순위에서 우간다가 81위, 한국이 87위로 나왔다. GDP로 세계 10위를 넘보는 경제대국 한국이 99위의 아프리카 우간다보다 못한 수준의 금융 경쟁력을 갖고 있는 것이다. 수수료 수익에 눈이 멀어 운용사의 사기성 상품을 그대로 받아와서 고객에게 판매하는 수준에 딱 맞는 평가가 아닌가 싶다. 금융 전문가는 없고 판매원만 있는 꼴이다. 고객들의 신뢰도 당연히 떨어지기 마련이다. 2019년 12월에 있었던 금융투자협회의 발표에 따르면, 은행의 사모펀드 계좌 수가 4개월 사이 24.1%나 감소했다. 연일 터지는 금융 사건으로 인한 고객들의 '불신'이 계좌 수 급감의 배경이다. 실력도 없는 데다가 도덕성까지 문제가 되고 있는 지금의 상황을 현명하게 타개하지 않으면 금융의 장래는 결코 밝지 않다.

나는 은행의 아이덴티티(Identity)를 기본적으로 커머셜 뱅킹부분과 인베스트먼트 뱅킹부분으로 분리하고 각 역할에 맞는 선택과 집중을 하는 구조로 만들어야 한다고 생각한다. 커머셜 뱅킹부분에서 전문지식이 없는 창구 PB(프라이빗 뱅커)를 시켜 투자은행 업무를 하게 하니 문제가 자꾸 터지는 것이다.

각자의 롤(Role)에 맞는 금융 전문가를 양성하고 앞으로 점점 고도화되는 금융 산업에 대한 이해와 연구로 자신의 내실을 다질 필요가 있다.

　근본적으로 금융 파생 상품 판매는 은행에서 해서는 안 된다. 고객들은 은행을 믿고 돈을 맡기는데 잘못될 경우 피해가 크고 광범위하게 발생하기 마련이다. 이때 모든 원성은 은행이 진다. 금융 파생 상품이 가진 위험성을 생각해보면 결론적으로 고객을 밀어내는 계기가 될 뿐이다. 은행은 위험한 상품 판매로 단기 이익을 노릴 것이 아니라 금융 소비자를 보호하는 시대적 흐름에 맞춰 상품을 설계 및 판매하는 것이 장기적으로 고객을 유치하고 유지하는 전략이라는 걸 인지해야 한다.

　또한 은행이 고객의 자산 운용에 책임을 지는 모습을 대내외에 보여줄 필요가 있다. 지금까지 금융 피해가 발생하면 은행은 대형 로펌의 변호사를 선임해 어떻게든 책임을 회피하고 자신들의 수익은 챙기려는 모습만 보여 왔다. 고객들의 삶을 고통의 구렁텅이에 밀어 넣고 모른 척하는 은행의 이러한 작태를 고객들이 두 눈 뜨고 지켜보고 있다. 신뢰 회복을 위해서 이제라도 적극적으로 책임지는 모습을 보여야 한다. 금융 당국의 조정 권고를 겸허히 받아들이고 금융 피해 공제기금을 설치해 금융 피해 구제에 자발적이고 적극적으로 임하는 것이 그 방법 중 하나다. 금융 피해 사건을 책임지고 올바르게 매듭을 짓는다면 끊어진 신뢰의 끈을 다시 이을 기회도 생길 것이다. 고객이 없으면 금융도 없다. 금융의 미래가 바로 고객이다.

제2의 키코 사태 예방을 위한 제언 ③
# 개인이 해야 할 일

**은행은 탐욕스럽다. 항상 경계하라!**

내게는 낡고 닳아서 더는 신지 못하게 된 지 오래됐으나 버리지 못하는 구두 한 켤레가 있다. 창업하고 얼마 지나지 않았을 때 마련한 구두이니 20년은 족히 됐다. 자본도, 뒷배도 없이 새로 마련한 구두 한 켤레만 믿고 부지런히 뛰어다녔다. 사업 활로를 개척하느라 밑창이 떨어지고 앞코가 벗겨지는 줄도 모르고 신었다.

본래 멋이라는 걸 부릴 줄 모르기도 하지만 어쩐지 나는 엉망이된 구두가 좋았다. 발끝을 들여다볼 새 없이 다녔던 시간이 성과가되어 돌아왔기 때문이다. 구두가 닳으면 닳을수록 회사 규모는 조금씩 커졌고 어느덧 나는 수출 중소기업의 대표가 되어 있었다. 어쩐지 그 낡은 구두가 나와 고생을 함께 해준 동료 같아서 버릴 수가 없었던 것이다.

그리고 한참을 잊고 지냈다. 내가 굳이 영업을 뛰지 않아도 될 만큼 사업은 번창했다. 책상에 앉아 서류와 씨름하는 일이 주 업무가 되다 보니 신고 다니는 신발은 항상 앞코가 반질반질한 새 구두였다. 그렇게 앞으로 계속 새 구두를 신을 줄 알았지 신발장 귀퉁이에 넣어둔 낡은 구두를 다시 신게 될 줄은 꿈에도 몰랐다.

키코.

키코 사태가 터지고 앞길이 막막할 때 그 구두가 생각났다. 오직 두 발만 믿고 사방을 뛰어다녔던 절박함이 내 인생에 다시 찾아온 것이다. 다시 찾은 구두는 이미 여기저기가 삭아버려 신발 기능을 잃어버린 지 오래였다. 그래도 나는 그 구두를 사무실에 가져와 눈에 잘 띄는 곳에 두고 매일매일 다짐하듯 바라봤다.

"다시 뛴다! 가만히 있지 않겠다."

창업했을 당시처럼 나는 낡은 구두를 보며 매일 아침 나를 일으켜 세웠다. 다만 달라진 것이 있다면, 내 꿈을 실현해서 인생을 한번 바꿔보겠다고 다짐했던 과거와는 달리 이번에는 이 세상을 내 발로 바꿔보겠다는 다짐을 했다는 점이다. 그 결심의 여정으로 키코 공대위, 한국기업회생지원협회, 한국재도전연합회까지 내 인생의 축이 새로이 세워졌다.

나는 불신의 사회를 만드는 사람들이야말로 우리 사회의 적이라고 생각한다. 애석한 점은 우리 사회의 적들이 1%의 사회 리더 계층에 몰려 있다는 것이다. 그들만의 이너서클 안에서 사회 정의를 해치고 약자들의 인권을 유린하고 있다. 그래서 99%인 우리가 뭉쳐서 그 1%의 적폐들과 싸워야 한다. 나 역시 키코 사태 이전까지는 기업 생존을 위한 일에만 매진하며 살아왔다. 사회 정의가 무엇인지, 사회구조가 어떻게 만들어지는지 관심을 두지 않았다. 그러나 키코 사태를 겪은 이후부터는 정의를 바로 세우기 위한 일을 미뤄서는 안 된다고 생각했다. 정의는 남이 만들어주지 않는다는 것을 깨달았기 때문이다.

키코 공대위, 한국기업회생지원협회, 한국재도전연합회 등 12년간 이어진 나의 고군분투는 단지 키코 피해 기업의 회복에만 있지 않다. 우리가 사는 사회, 앞으로 우리 아이들이 살아가야 할 이 나라를 공정하고 정의롭게 세워보자는 데 있다. 우리 세대가 조국을 독립시키는 일은 하지 못했어도 정의를 바로 세우는 일은 누구든지 자기 위치에서 할 수 있다는 피맺힌 외침이라고 할 수 있다.

많은 사람이 물었다. 실익도 없는 일에 왜 그리 힘을 쏟냐고. 그럴 때마다 내 대답은 항상 같다. 실패로 인해 추락하면서 우리 사회의 실체를 경험해보니 더는 나만 잘 먹고 잘살면 된다는 생각을 할 수 없다고, 외면할 수 없다고 말이다. 지금의 금융구조, 사업구조에서는 누구나 피해자가 될 수 있다. 나는 또 다른 피해자들이 나오는 것을 온몸을 다해 막고 싶고 실패한 사람들을 최선을 다해 돕고 싶다.

내가 당해 보니 알겠다. 우리 사회가 과거의 잘못을 반성하고 잘못에 대한 책임자를 처벌하지 못한다면 어떤 사건이든, 어떤 형태로든 약자들이 피해 보는 사례들은 계속해서 발생할 것을 말이다. 그렇게 되면 사회의 신뢰는 무너질 것이고 그런 상태로 미래의 번영은 기약할 수 없다.

그래서 우리 99%들, 선량하고 상식적인 우리가 정의에 대한 확고한 신념을 갖고 시민사회와 연대해야 한다. 서로가 서로의 조직이 되어 금융 소비자로서의 권리를 당당히 요구하고 사회 적폐들을 심판해야 한다. 민주화 운동으로 얻은 소중한 투표권을 정의의 편에 선 사람들에 사용하는 것이 그 방법이 될 것이다.

앞서 소개한 엘리자베스 워런 교수는 금융 소비자 권익 증진에 앞장서다 월가의 거대 금융사들의 로비스트, 그리고 한 배를 타고 있는 정치인들의 갖은 비웃음과 협박, 방해를 겪었지만 신념을 꺾지 않았다. 그리고 미국 유권자들은 워런 교수의 신념에 강력한 지지를 보내면서 상원의원으로 만들었다. 그리고 이제 그는 미국 민주당의 아주 유력한 차기 대선후보가 되었다.

우리도 워런 교수의 사례처럼 불의에 분노하고 약자를 위해 싸우는 길 위의 외로운 투사들을 우리가 가진 가장 강력하고 신성한 힘으로 국회로, 청와대로 보낼 수 있다. 우리 개인들은 이제 99%를 대변하는 데 주저함이 없는 인물은 누구고 썩은 권력의 편에 서 있는 인물은 누구인지 가려낼 정치적 식견을 기르고 투표권을 행사하면 된다.

정의는 누가 대신 만들어주지 않는다. 그리고 혼자서 할 수 있는 일도 아니다. 내가 모여서 우리가 되고 우리가 함께 움직이면 세상은 바뀔 것이다.

2019년 12월, 금감원의 키코 분쟁조정위원회 관련 발표가 있었다. 키코 사태가 발생하고 자그마치 11년의 시간이 흐른 후였다. 은행이 4개의 기업에 총 256억 원을 배상하라는 결과는 키코 피해 기업 900여 개사가 11년의 세월 동안 겪었던 고통과 피해 규모에 비하면 미미한 수준이지만 키코 투쟁 이후 처음으로 나온 정부 차원의 구제책이란 점과 키코 사태 해결을 위한 첫걸음을 뗐다는 점에 그 감격이 크다고 할 수 있다.

정부 당국의 철저한 소외 속에 있던 키코 사태를 세상 밖으로 꺼내준 이낙연 전 국무총리께 진심으로 감사드린다. 키코 피해 기업의 피해 구제를 위해 애써준 은성수 금융위 위원장님과 키코 재조사를 진두지휘하신 윤석헌 금감원 원장님께도 감사드린다.

책을 마무리하면서 그간 협력해주신 고마운 분들께도 마음을 남긴다. 나와 함께 작은 회사를 열심히 꾸려가고 있는 임직원들과 키코 공대위 운영위원회 관련 분들(김성묵 변호사, 이대순 변호사, 김형수 내일신문 기자, 박선종 숭실대 교수, 김득의 금융정의연대 대표, 김태환 중소기업중앙회 실장, 이성민 엠텍비젼 대표, 장세일 일성 회장, 정오채 아산트레이닝 대표)이 함께 했기에 여기까지 올 수 있었다. 깊은 감사를 드린다.

정세균 국무총리와 민병두 정무위 위원장님, 송영길·표창원·추혜선·제윤경 의원, 특히 10여 년간 뚝심 있게 키코 피해 기업을 밀어주신 박선숙 바른미래당 의원, 박용진의원 의원실의 김성영 보좌관, 고려대 로스쿨의 김용재 교수, 김제완 교수, 박경신 교수, 새사연의 정승일 박사, 송종운 박사, 주빌리은행을 이끌어 온 유종일 KDI 원장님과 설은주 변호사, 경기도시공사 사장인 이헌욱 변호사, 조연행 금융소비자연맹 회장, 민변의 송기호 변호사, 송상교 변호사, 이윤정 변호사, 한국파산변호사회 회장 백주선 변호사, 한국재도전연합회 유희숙 회장, 약탈경제반대행동 홍성준 사무국장, 참여연대 박정은 실장, 김경율 센터장, 이승훈 처장, 특히 안진걸 민생경제연구소 소장의 헌신적 역할에 심심한 감사를 표한다.

덮여있던 키코를 알리기 위해 애써준 언론인 여러분께도 감사드린다. 특히 정다운 CBS 기자, 이재성·최성진 한겨레 기자, 김승조 KBS 기자, 김승호 메트로신문 기자, 황해창 헤럴드신문 기자, 정유진 동아일보 기자, 은영미 MBN 사회부장, 윤석정 MBN 기자, 이규

진 SEN TV 보도본부장, 박용진 서울경제신문 기자, 조선혜 노컷뉴스 기자, 신주식 EBN 기자, 배근미 데일리안 기자, 최현석 연합뉴스 기자, 김남권 연합뉴스 기자, 강경래 이데일리 기자 등 언론인 140여 명이 키코 문제의 진실을 알리는 보도를 해준 덕분에 사건 해결에 한 걸음 더 다가서게 되었다.

중소기업중앙회 김기문 회장님, 소상공인연합회 최승재 회장님, 한국중견기업연합회 반원익 부회장님, 한국기업회생지원협회의 임종남, 권육상 부회장, 권일진, 박준, 남영민 자문위원과 22명의 위원이 이 책을 내는 데 많은 힘이 되어줬다. 서울대 국제대학원 GLP 20기 김두원 회장님을 비롯한 원우들의 사랑과 조언도 이 책을 완성하는 데 큰 몫을 해줬다.

끝으로 키코 사태 이후 가시밭길 같은 고난의 세월을 오직 사랑의 힘으로 지구 반대편에서 홀로 아이들을 잘 성장시킨 나의 아내, 이명자 여사에게도 깊이 감사하다. 회사가 잘될 때는 잘되어서, 힘들 때는 힘들어서 커가는 것도 들여다보지 못했는데 어느덧 반듯하고 영롱한 색깔로 자라준 조은, 조남인, 조남준에게도 고마운 마음을 전한다. 나의 영원한 스승인 진기환 선생님, 황의동 교수님께도 이 자리를 빌려 감사의 인사를 드린다.

오늘까지 나의 인생을 갈무리하고 실패의 현장을 담은 이 책이 키코 사태는 물론 다른 금융 파생 상품으로 피눈물을 흘리고 있는 많은 피해자가 진실을 규명하고 구제받을 수 있는 발판이 되고 재도전을 준비하는 기업인들에게는 든든한 안내자가 되었으면 한다. 우리 사회 곳곳에 있는 적폐를 청산하고 공정사회의 불길을 일으키는 불쏘시개로 사용된다면 더할 나위 없겠다.

지금까지 키코 공대위가 진행한 일들의 결과물 중 하나인 '금융감독원 분쟁조정위원회의 일성하이스코 분쟁 조정 결정문'을 한국기업회생지원협회(www.kocota.org)에 올려놨다. 관심 있는 분들은 홈페이지에 들어가서 보길 바란다. 아울러 들어간 김에 한국기업회생지원협회의 일도 관심 있게 보길 바란다.

정의와 약자의 편에 서서 공정사회를 이룩하고자 고군분투하는 민주시민 여러분들과 나를 끝까지 도와주다 유명을 달리한 아우인 고 조희구의 영전에 이 책을 헌정한다.

설봉 조붕구

부록

# 키코 관련 소송 및
# 재판 진행과정과 쟁점*

———————————
* 김성묵 변호사의 《키코백서》에 있는 내용을 그대로 싣는다.

〈민사판례연구회 회원〉

키코 판결 당시 대법원: 양승태 대법원장(사법농단 재판 중)
　　　　　　　　　　양창수 대법관
　　　　　　　　　　민일영 대법관(사법농단 의혹)
　　　　　　　　　　박병대 대법관(사법농단 재판 중)
　　　　　　　　　　김용덕 대법관
　　　　　　　　　　김소영 대법관(사법농단 의혹)

키코 판결 당시 대법원 재판 담당
　　　　　　　　　　한승 수석재판연구관
　　　　　　　　　　홍승면 선임재판연구관
　　　　　　　　　　호제훈 재판연구관
　　　　　　　　　　고홍석 재판연구관

키코 담당 서울고등법원　성낙송 고등법원부장

김앤장:　　　　　　　이재후 변호사
　　　　　　　　　　목영준 변호사
　　　　　　　　　　손지열 변호사
　　　　　　　　　　한상호 변호사
　　　　　　　　　　김수형 변호사
　　　　　　　　　　백창훈 변호사
　　　　　　　　　　원유석 변호사
　　　　　　　　　　이백규 변호사
　　　　　　　　　　권오창 변호사
　　　　　　　　　　박순성 변호사

전원열 변호사

김도영 변호사

변동열 변호사

김유진 변호사

노경식 변호사

신우진 변호사

이철원 변호사

최건호 변호사

키코 1심 판결을 선고했던 여훈구 부장은 민사판례연구회 회원은 아니나 선고 후 2013년 김앤장에, 황적화 판사는 법무법인 화우에 들어감 (은행 변론 담당 로펌: 김앤장, 율촌, 화우, 세종, 태평양, 광장 등).

키코 대법원 공개 재판 은행 측 참고인: 연세대 이연갑 교수(민사판례연구회 회원)

키코 재판 은행 측 법률 전문가의견서: 서울대 윤진수 교수(민사판례연구회 편집위원장)

키코 공대위, 《키코백서》에서 발췌

■ 2008. 10: 피해 기업 70개사, 서울중앙지법 옵션 계약 효력 정지 가처분 소송

■ 2008. 11: 피해 기업 124개사, 손해 배상 및 채무부존재 확인 민사 소송 제기

■ 2008. 12: 서울중앙지법 민사 50부(이동명 수석부장판사) 키코 가처분 소송 2개사(모나미, 디에스LCD) 승소, 키코 결제금 지급 중지 결정

■ 2009. 4. 24: 서울중앙지법 민사 50부(박병대 수석부장판사, 현 대법

관) 키코 가처분 소송에서 130% 환율 상승 초과부분
에 한해 키코 결제금 일부 지급 정지 결정

- 2009. 8. 23: 서울고등법원 민사 40부(이성보 수석부장판사, 현 국민
  권익위원장) 키코 가처분 소송에서 은행 측 전부 승소
  결정
- 2009. 12: 노벨상 수상자 로버트 엥글 교수, 1심 민사 소송 기업 측
  증언
- 2010. 1: 스티븐 로스 MIT 교수, 1심 민사 소송 은행 측 증언
- 2010. 2. 8: 서울중앙지법 21부(임성근 부장판사/사법농단 의혹) 수
  산중공업 패소 판결
- 2010. 2. 25: 피해 기업 140개사, 서울중앙지검에 특정경제범죄가
  중처벌법 위반(사기) 혐의로 4개 은행(씨티, 신한, 외환,
  제일) 및 관련 임직원 고발
- 2010. 5: 피해 기업 9개사, 서울중앙지검에 특정경제범죄가중처벌
  법 위반(사기) 혐의로 형사 고소
- 2010. 11: 서울지방법원 키코 1심 판결 선고(118개사 중 99개사 패
  소, 19개사 일부 인용)
  제21민사부 여훈구 부장판사(현 김앤장 변호사)
  제22민사부 박경호 부장판사
  제31민사부 황적화 부장판사(현 화우 변호사)
  제32민사부 서창원 부장판사

  : 씨티은행 외환딜러에 대한 위증죄 고발

- 2010. 12 및 2011. 1: 서울중앙지검의 요청으로 미국 상품선물거래
  위원회(CFTC) 및 증권거래위원회(SEC) 전
  문가들과 키코의 문제점을 회의한 결과를 기

록한 주미대사관 공문이 법무부장관, 검찰총
장, 서울중앙지검 금융조세조사2부, 외교통
상부로 들어옴(미국 파생 상품 규제 기관의 전
문가들 견해는 키코는 사기라는 내용)

- 2011. 2: 한상대 서울고검장이 서울중앙지검장으로 발령
- 2011. 4: 독일연방대법원 판결문 입수 및 번역
  : 한국금융법학회, 키코 제2라운드 학술대회 개최—파생 상
  품 전문가들이 키코 상품의 문제점 지적
- 2010. 12~2011. 7: 서울중앙지방법원 키코 1심 판결 선고(84개사
  중 67개사 패소, 17개사 일부 인용)
- 2011. 5: 서울고등법원 항소심 재판 시작(130여 개사)
  : 서울중앙지검 금융조세조사2부 키코 담당 수사검사 교체
  —키코 담당 수사검사(박성재)를 공판부로 전보
  : 담당 수사검사 교체 관련 항의 방문 및 탄원서 제출
  : 서울고등법원 16부(이종석 부장판사) 수산중공업 항소심
  판결 선고(원고 패소)
- 2011. 7. 19: 검찰, 키코 판매 은행 무혐의 처분
  —서울중앙지검 키코 수사기록 목록을 확인해 보니 미
  국 SEC 및 CFTC와 키코에 대해 회의 결과를 기재한
  공문이 수사기록에 포함되지 않고 누락되어 있음
- 2011. 8: 공대위, 키코 판매 은행 불기소처분에 대한 항고(고소인 4
  개사 및 고발인)
- 2011. 12~2012. 6: 서울고등법원 14부(이강원 부장판사), 16부(이
  종석 부장판사), 18부(조희대 부장판사, 현 대법
  관) 판결 선고(20개사 중 15개사 패소, 5개사 일
  부 인용 30~50%)
- 2012. 2. 6: 서울고검, 키코 판매 은행 불기소처분 항고에 대한 기각

결정

- 2012. 3: 공대위, 키코 판매 은행 불기소처분에 대한 재항고
- 2012. 5. 22: 대검찰청, 키코 판매 은행 불기소처분에 대한 재항고 기각 결정
- 2012. 6: 공대위, 검찰의 불기소처분에 대한 헌법소원심판 청구
- 2012. 7: 공대위, 전광우 前 금융위원장·김종창 前 금융감독원장 고발
  —직권을 이용하여 장외 파생 상품 감독 관련 규정을 고의적으로 은행들에게 유리하게 제정·시행, 키코 피해 기업들의 손해 배상 청구권 행사를 방해, '직권남용 혐의' 및 '공정성의 유지 등에 관한 위반 혐의'
- 2012. 7: 헌법소원심판 청구 청구인 부적격 각하 결정
- 2012. 8: 서울중앙지방법원 민사 21부(최승록 부장판사) 키코 1심 판결 선고(4개사—일부 인용 60~70% 배상)
- 2012. 9~2013. 2: 서울고등법원 민사 10부(유남석 부장판사), 12부(박형남 부장판사), 14부(이강원 부장판사), 16부(이종석 부장판사), 18부(조희대 부장판사, 현 대법관) 판결 선고(57개사 중 28개사 패소, 28개사 일부 인용 5~50%)
- 2012. 11: 공대위, 검찰에 정보 공개 청구
  —검찰의 키코 사건 수사기록 중 국정감사에서 밝혀진 은행 본점과 지점 직원들 간의 전화 통화 내용을 요약한 수사보고서 정보 공개 청구
  : 검찰, 정보 비공개 결정(개인의 사생활과 자유 침해)
- 2012. 12: 공대위, 검찰의 정보 공개 거부 처분 취소 청구의 소(행정소송) 제기
- 2013. 1: 서울중앙지방법원 민사 21부(최승록 부장판사) 키코 1심

판결 선고(1개사—70% 인용 판결)

■ 2013. 4: 서울행정법원, 정보 공개 거부 처분 취소 판결(공대위 승)
: 검찰, 서울행정법원의 정보 공개 거부 처분 취소 판결에
대해 항소

■ 2013. 7. 18: 대법원 키코 사건 공개 변론

■ 2013. 9. 26: 대법원 키코 4개사 판결 선고(주심 대법관: 박병대, 양
창수)

■ 2013. 10. 25: 서울고등법원(항소심), 정보 공개 거부 처분 취소 판
결에 대한 검찰 항소를 기각(공대위 승)

■ 2013. 11. 14: 서울중앙지검, 정보 공개 거부 처분 취소 항소 기각
에 대해 대법원 상고

■ 2014. 2. 27: 대법원, 심리불속행으로 검찰의 상고를 기각(정보 공개
거부 취소—공대위 승)

■ 2014. 3. 6: 키코 공대위, 서울중앙지검에 정보 공개 청구, 수사보고
서 입수

■ 2014. 6: 대법원 키코 사건 13건을 심리불속행으로 기각

# 1. 형사 고소 · 고발

## (1) 개요

□ 키코로 피해를 입은 중소기업 140여 개사는 2010년 키코 판매 은행
(씨티, 신한, 외환, SC제일은행 등)을 특정경제범가중처벌법 위반(사
기) 혐의로 고소, 고발하였으나 2011년 7월 서울중앙지검, 2012년
2월 서울고등검찰청, 2012년 5월 대검찰청에서 무혐의 처분 결정.

> - 사건번호: 서울중앙지방검찰청 2010 형 제22540, 54782, 65872,
>   68133, 123886호
> - 고발인: 환헤지 피해 기업 공동대책위원회
> - 피고발인: 11개 은행(씨티은행, SC제일은행, 외환은행, 신한은행 등)
> - 죄명: 특정경제범죄 가중 처벌 등에 관한 법률 위반(사기)

## (2) 진행경과

2010. 2: 피해 기업 140개사, 서울중앙지검에 특정경제범가중처벌법
　　　　　위반(사기) 혐의로 은행 고발(씨티, 신한, 외환, 제일 등)

2010. 5: 피해 기업 9개사, 서울중앙지검에 특정경제범죄가중처벌법
　　　　　위반(사기) 혐의로 형사 고소

2010. 11: C은행 외환딜러에 대한 위증죄 고발장 접수

2010. 11: 키코 판매 은행 압수수색 영장 기각(김상환 판사, 현 대법관)
　　　　　(2010. 12 .9 한겨레 10면—키코 판매 은행 압수영장 지난달 줄
　　　　　줄이 기각)

2010. 12~2011. 1: 서울중앙지검의 요청으로 주미대사관 파견검사가
　　　　　　　　　미국 상품선물거래위원회(CFTC) 및 연방증권거
　　　　　　　　　래위원회(SEC) 전문가들과 키코의 문제점을 회의

한 결과를 기록한 주미대사관 공문이 법무부장관, 검찰총장, 서울중앙지검 금융조세조사2부, 외교통상부로 들어옴(미국 파생 상품 규제 기관의 전문가들 견해는 키코는 사기 판매라는 내용).

2011. 2: 한상대 서울고검장이 서울중앙지검장으로 발령 남

2011. 3. 30: 피해 기업, 외교부에 SEC, CFTC 회의자료 정보 공개를 청구했으나, 비공개 결정 통지받음

2011. 5: 한상대 서울중앙지검장이 수사 담당 박성재 검사에서 정유철 검사(현 법무법인 광장 변호사)로 교체. 서울중앙지검 금융조세조사2부 키코 담당 수사검사 박성재 공판부로 전보, 이후 사임.

2011. 7. 19: 서울중앙지검, 키코 판매 은행 무혐의 처분.
　　　　　—서울중앙지검 키코 수사기록 목록을 확인해 보니 미국 SEC 및 CFTC와 키코에 대해 회의 결과를 기재한 공문이 누락되어 있음

2011. 8: 한상대 서울중앙지검장, 검찰총장으로 발령
　　　　공대위 및 피해 기업 4개사, 키코 판매 은행 불기소처분에 대한 항고

2012. 1. 10: 서울중앙지방법원(21민사부)에 사실 조회 신청을 통해 SEC, CFTC의 키코 회의자료 확보

2012. 2. 6: 서울고검, 키코 판매 은행 불기소 처분

2012. 3: 공대위, 키코 판매 은행 불기소 처분에 대한 재항고

2012. 5. 22: 대검찰청, 키코 판매 은행 불기소 처분에 대한 재항고 기각 결정

2012. 6: 공대위, 검찰의 불기소 처분에 대해 헌법재판소에 헌법소원 심판청구

2012. 7: 헌법재판소, 헌법소원심판청구 청구인 부적격 각하 결정

## (3) 쟁점

□ 고발 · 고소인(기업 측) 주장

① 은행들은 기업들이 키코에 대한 지식과 이해력이 부족하고 이에 대한 위험이나 파생 상품의 가치를 평가할 능력이 없으며, 자신들이 제공하는 정보에 의존할 수밖에 없다는 우월적 지위를 이용하여, ② 실제로는 키코 상품의 구조에 은행들의 이익을 숨기고도 이를 기업들에게 알리지 아니하였고, ③ 사실은 풋옵션과 콜옵션이 평균 1:2.5 이상의 차이가 있음에도 마치 서로 교환하는 옵션의 가치 또는 위험이 대등한* 것처럼 허위로 고지하고, 수수료가 없다고 거짓말을 하여 ④ 결국 키코 상품이 기업에 유리하다고 착오에 빠진 기업들로 하여금 ⑤ 환헤지 상품에 적합하지 않은 키코 계약을 체결하게 함으로써 막대한 폭리를 취득하였음.

□ 피고소인(은행 측) 주장

키코는 당시 지속적인 환율 하락이 예상되는 상황에서 낮은 선물환율 등 기존 선물환 거래를 통한 환헤지에 한계를 느낀 기업의 수요에 따라 등장한 변형선물환의 일종으로 그 계약 체결과정에서 기업을 기망한 사실이 없고, 계약금액 대비 적정한 마진을 수취하는 등 당시 시장 상황에는 충분히 합리적인 상품으로, 은행들은 기업을 기망하여 이득을 취한 사실이 없음.

---

* 피해 기업은 키코 계약이 진정으로 제로-코스트 옵션 계약인지에 의문을 가지고 옵션 평가 전문가인 감마인베스트먼트 및 서울대학교 최병선 교수 등에 키코 계약의 프리미엄에 관한 평가 분석을 의뢰하였습니다. 그런데 감마인베스트먼트의 분석 결과에 의하면 은행이 취득한 콜옵션 프리미엄은 기업이 취득한 풋옵션 프리미엄의 평균 2.2배, 최대 14배에 달하고, 최병선 교수 등의 키코 선도 거래보고서에 의하면 IMF 경제위기와 같은 환율 급변동 시 콜옵션의 프리미엄은 풋옵션 프리미엄의 평균 4.6배, 최대 1,624배에 달하는 것으로 확인되었습니다.

## (4) 검찰의 수사결과: 범죄 혐의 없음

□ 검찰의 인정 사실

　○ 키코 계약을 통해 은행이 취득한 콜옵션 이론가가 기업이 취득한 풋옵션 이론가의 적게는 1.4배, 많게는 14배까지 차이가 나는 사실

　○ 은행이 기업으로부터 수수료 등의 명목으로 옵션의 이론가 차이 상당을 마진으로 수취하였으나 현금 등을 수취한 것은 아닌 사실

　○ 키코 계약서에 '풋옵션 이론가와 콜옵션 이론가 사이에 차액이 존재하고, 그 이론가 차액이 곧 은행이 수취하는 마진이라는 점'이 명시되어 있지 않고, 은행이 본 건 계약 체결 당시 기업에 위와 같은 수수료 부과의 구조 및 수수료 부과 사실을 명시적으로 설명하지 않은 사실

　○ 은행이 키코 계약을 체결하면서 '제로 코스트(Zero Cost) 상품'이라고 설명한 사실

　○ 은행이 키코 계약 체결 후 기업에 '교환되는 콜옵션과 풋옵션의 가치가 대등한 것으로 표기된 가격 정보(대고객가격표)'를 제공한 사실

□ 키코 계약의 불공정성 여부

　○ 콜옵션(은행 취득)과 풋옵션(기업 취득)의 가치 차이(이론가 배율)가 평균 2.5배인 것은 사실이나 이는 행사환율 등 기업이 선택한 계약조건에 의해 결정되는 것으로 은행이 이를 유인하거나 계약체결과정에서 이를 속일 동기가 되는 것으로 보기는 어려움

　○ 풋옵션과 콜옵션은 키코 계약의 구성요소로서 상호 밀접한 관련이 있어 이를 분리하여 이론가 상호 간의 배율을 비교하는 것은 중요한 의미가 없었고 당시 은행은 마진, 기업은 환율에 따른 계약조건에 주로 관심을 둠

○ 키코 계약으로 인한 기업 손해는 주로 환율의 급격한 상승에 기인하나 당시 환율 전망에 대해서는 당시 은행을 포함한 국내외 다수의 금융기관들도 급격한 상승은 예측하지 못하였음

□ 은행의 기망행위 여부

○ 키코 계약 후 은행은 콜옵션과 풋옵션의 이론가가 반영된 월말평가서를 매월 기업에 송부하여 주는 등 은행의 기망행위를 인정할 만한 증거가 발견되지 않음

○ 제로 코스트란 용어는 계약 시 이론가가 중요 고려사항이 아니었던 점, 월말평가서를 은행으로부터 송부받은 점, 서비스의 대가로 은행이 일정 마진을 수취하는 것은 당연한 점 등을 고려할 때 위 용어가 옵션 이론가가 같다는 의미로 사용되었다고 보기는 어려움

□ 마진의 과다 여부

○ 키코 계약으로 은행이 수취한 마진은 계약금액의 약 0.3% 내지 약 0.8% 정도로 환전수수료, 증권거래 수수료, 예대마진율 등 다른 금융 거래와 비교하여 과다한 것이라고 보이지 않음

## (5) 형사 고소, 고발 무혐의 처분과정의 의문점

□ 기소 의지 강했던 담당 수사검사 교체

키코 사건 담당검사(박성재)가 적극 기소의지를 표명하고 나섰던 반면, 검찰 고위층에서는 무혐의 처분을 지시, 갈등을 빚었다는 기사가 나간 이후, 한상대 서울지검장은 해당 담당검사를 공판부로 전보 조치(검찰 고위층의 무혐의 처분 의지)

—2011. 5. 19 조선일보 A11면: '키코 수사' 1년 3개월째…검사 사의 밝혔다 번복

—2011. 5. 23 한국경제 17면: '키코·ELW 수사' 박성재 검사, 검찰
떠나나

□ 압수수색 없이 진행된 수박 겉핥기식 은행 수사

검찰은 금융감독원 및 은행들로부터 관련 자료를 임의 제출받아 조
사했다고는 하나, 이는 은행을 직접 압수수색하는 것과는 질적으로
다른 내용의 자료일 수밖에 없음. 결국 검찰은 은행들이 자발적으로
제출한 자료만을 가지고 1년 7개월 동안 수사를 진행했다는 것임.
—2010. 12. 9 한겨레 10면: 키코판 은행 압수영장 지난달 줄줄이
기각

□ 해외에서는 사기죄로 기소되는데, 유독 우리나라만 무혐의?

검찰은 서울중앙지검 수사과정에서 금융 선진국이라고 하는 미국
의 증권거래위원회(SEC), 상품거래위원회(CFTC)의 전문가에게 한
국의 키코 사건에 대해 질의하였음. 미국 SEC, CFTC는 [키코는 사
기 판매라고 보여진다. 우리 같으면 기소했을 것]이라는 의견을 제
시함. 즉, 한국의 키코 계약이 사기 판매라고 판단. 2011년 3월 독
일의 연방대법원도 파생 상품의 마이너스 가치를 고객에게 알리지
않은 도이치은행의 책임을 물어 기업의 피해 전액을 은행이 책임지
도록 하는 손해 배상 판결함. 또한 인도 고등법원도 키코의 일종인
'TARN'을 판매한 것에 대한 사기 혐의에 관하여 수사를 지시하고,
은행들은 법정 외에서 피해 기업들의 피해를 보상함. 왜 유독 한국
에서만 키코 상품이 정당한 상품이며 은행들은 아무런 잘못이 없다
고 판단을 하는 것인가?
—2011. 4. 18 조선일보 10면: 美"우리 같으면 판매 은행 사기죄로
기소"

□ 법원에 판단 떠넘기기

검찰은 키코 계약을 통해 은행이 취득한 콜옵션 이론가가 기업이 취득한 풋옵션 이론가의 적게는 1.4배, 많게는 14배까지 차이가 나는 사실을 인정하였고 은행이 수수료의 명목으로 옵션의 이론가 차이 상당을 마진으로 수취한 사실과 이를 명시적으로 설명하지 않은 사실도 인정함. 그러나 결과적으로 무혐의 결정을 내리고 계약 자체의 공정성 여부나 설명 의무 위반 여부에 대한 판단을 민사법원에 떠넘김.

—2011. 7. 19 YTN: "키코, 이상한 상품이지만 사기 판매 아니다"

## 2. 민사 소송

■ 개요

2008년 10월 모나미, 디에스엘시디 등 60여 개의 피해 기업들이 키코 판매 은행(16개 시중은행)을 상대로 키코 계약(옵션 계약) 효력 정지 가처분의 소를 제기하였고 이어 11월 150여 개 기업들이 서울중앙지방법원에 불법행위에 의한 손해 배상 및 부당 이득 반환 청구의 소를 제기하면서 본격적인 민사 소송이 시작됨. 소송 6년 동안 250여 개 기업이 소송에 참여하였지만 대법원은 극히 소수의 기업에 일부 손해만 인정하는 전원합의체 판결을 내림.

■ 현황

○공대위 집계 가능 피해 기업 기준(2014년 7월 현재)

| | 총배정 | 소취하 | 진행 | 선고 | 선고 결과 | 항소 | 항소포기 | 기타 |
|---|---|---|---|---|---|---|---|---|
| 1심 | 250 | 10 | 4 | 236 | 원고 패 191<br>원고 일부 인용 45 | 159 | 77 | 2008년11월<br>1심 시작 |
| 2심 | 173 | 14 | 11 | 144 | 원고 패 93<br>**일부 인용 45**<br>**조정(화해) 10** | 93 | 52 | 2010년12월<br>항소심 시작 |
| 3심 | 93 | 3 | 27 | 63 | 상고 기각 48<br>일부 인용 15<br>심리불속행 기각 13<br>(원고 패 10, 일부 인용 3) | - | - | 2011년 7월<br>상고 시작 |

■ 진행경과

2008. 10: 피해 기업 70개사, 서울중앙지법 옵션 계약 효력 정지 가처분 소송

2008. 11: 피해 기업 124개사, 손해 배상 및 채무부존재 확인 민사 소

송 제기

2008. 12: 서울중앙지법 가처분 소송 2개사(모나미,디에스엘시디) 승
소, 키코 결제금 지급 중지 결정—이후, 2010년 2월까지 진
행된 가처분 소송은 은행 측 승소

2009. 12: 노벨상 수상자 로버트 엥글 교수, 1심 민사 소송 기업 측 증언

2010. 1: 스티븐 로스 MIT 교수, 1심 민사 소송 은행 측 증언

2010. 2. 8: 서울중앙지법 21부(임성근 부장판사), 수산중공업 패소 판결

2010. 11: 서울중앙지방법원 4개 재판부 키코 1심 판결 선고(118개사
중 99개사 패소, 19개사 일부 인용)

2010. 12 및 2011. 1: 서울중앙지검의 요청으로 미국 상품선물거래위
원회(CFTC) 및 증권거래위원회(SEC) 전문가들
과 키코의 문제점을 회의한 결과를 기록한 주미
대사관 공문이 법무부장관, 검찰총장, 서울중앙
지검 금융조세조사2부, 외교통상부로 들어옴(미
국 파생 상품 규제 기관의 전문가들 견해는 키코는
사기라는 내용)

2011. 4: 독일연방대법원 판결문 입수 및 번역

2010. 12~2011. 7: 서울중앙지방법원 키코 1심 판결 선고(84개사 중
67개사 패소, 17개사 일부 인용)

2011. 5: 서울고등법원 항소심 재판 시작(130여 개사)
서울고등법원 16부(이종석 부장판사), 수산중공업 항소심 판
결 선고(원고 패소)

2011. 12~2012. 6: 서울고등법원 14부(이강원 부장판사), 16부(이종
석 부장판사), 18부(조희대 부장판사, 현 대법관) 판
결 선고(20개사 중 15개사 패소, 5개사 일부 인용
30~50%)

2012. 8: 서울중앙지방법원 민사 21부(최승록 부장판사) 키코 1심 판

결 선고(4개사—일부 인용 60~70%)

2012. 9~2013. 2: 서울고등법원 민사 10부(유남석 부장판사), 12부
(박형남 부장판사), 14부(이강원 부장판사), 16부(이
종석 부장판사), 18부(조희대 부장판사, 현 대법관)
판결 선고(57개사 중 28개사 패소, 28개사 일부 인용
5~50%)

2013. 1: 서울중앙지방법원(민사 21부 최승록 부장판사) 키코 1심 판결
선고(1개사—70% 인용 판결)

2013. 7. 18: 대법원 키코 사건 공개 변론

2013. 9. 26: 대법원 키코 4개사 판결 선고(주심 대법관: 박병대, 양창수)

2014. 6: 대법원 키코 사건 13건을 심리불속행으로 기각


## (1) 가처분

### ■ 개요

2008년 10월 모나미, 디에스엘시디 등 60여 개의 피해 기업은 키코
판매 은행을 상대로 서울중앙지법에 옵션 계약 효력 정지 가처분의
소를 제기. 중앙지법 50부 이동명 부장판사는 모나미, 디에스엘시디
의 가처분 소송 대해 키코 결제금 지급 중지 결정을 내렸으나 이후
2010년 2월까지 진행된 가처분 소송은 은행 측 승소

### ■ 주요 판결

◇서울중앙지법 50부 이동명 수석부장판사(2008카합3816 옵션계
약효력정지가처분)

• 약관규제법상 약관성은 인정되지만, 약관규제법에 위배되어 무효
라고 하기 어렵고 민법 104조 위반에 의한 무효 사유도 아니며,
사기 · 착오에 의한 취소사유도 아님

- 인정: 사정 변경으로 인한 계속적 계약의 해지 가능. 예상하였거나 예상할 수 있었던 손실의 범위를 넘는 것으로 은행의 거래 손익 사이에 현저한 불균형 존재. 은행의 적합성 원칙 및 설명 의무 위반 인정

◇서울중앙지법 50부 박병대 수석부장판사(2009카합325 옵션계약 효력정지가처분)
- 약관규제법상 약관성은 인정되지만, 약관규제법에 위배되어 무효라고 하기 어렵고 민법 104조 위반에 의한 무효 사유도 아니며, 사기 · 착오에 의한 취소사유도 아니며, 해지권도 인정하기 어렵다.
- 은행의 적합성 원칙 및 설명 의무 위반 일부 인정
- 손해액 산정: 계약을 체결한 당시의 환율을 기준으로 130% 정도 (한계 환율)까지는 그 위험을 기업이 감내한 것으로 보고, 그 기준을 초과하는 환율 상승에 따른 손실은 은행의 적합성 원칙 및 설명 의무 위반으로 인한 손해의 범주에 속함. 즉, 손해액=계약금액× (결제 환율—한계 환율)

◇서울고등법원 민사 40부(이성보 수석부장판사, 현 국민권익위원장)
약관법상 무효나 사기 · 착오에 의한 취소 인정하기 어렵고, 은행의 설명 의무 위반이나 적합성 원칙 위반도 인정할 수 없다. 기업의 손해 배상 청구권을 인정할 수 없다. 은행 전부 승소 결정.

■ 결과
공대위에 집계된 가처분 소송 제기 65개사 중 25개사에 대해서는 일부 인용 또는 조정 성립, 40개사는 가처분 신청 기각.

## (2) 1심 민사 소송(지방법원)

■개요

○2007년 이후 키코 계약으로 피해를 입은 200여 개의 수출 중소기업
들이 은행을 상대로 키코 계약이 구조적으로 불공정하여 무효, 기망
·착오를 이유로 취소 또는 고객 보호 의무 위반으로 인한 손해 배상
책임 등을 주장하며 소송을 제기.

○서울중앙지방법원 기업 전담 4개 재판부(21민사부, 22민사부, 31민
사부, 32민사부)에 사건이 배정되었음.
2010년 2월 8일 서울중앙지법 21부(임성근 부장판사)가 가장 먼저
수산중공업 패소 판결.
그 후 2010년 11월 29일 중앙지법 4개 재판부는 118개 피해 기업
에 대해 동시 판결 선고.

○2008년 소송에 참여하지 않았던 피해 기업들이 이후 지속적으로 소
송을 제기하여, 2014년 기준 총 250개 피해 기업이 소송을 진행하
였고, 집단 소송이 아닌 개별 기업 사건으로 소송이 진행됨.

■현황

○총 250개사 배정, 소송 중 10개사 취하

○2014년 7월 현재까지 237개사 판결 선고
  : 원고 패소 192개사, 일부 인용 45개사(인용 비율 10~50%, 6개사
  60~70%)

○2014년 7월 현재 3개사는 소송 진행 중

■1심 소송 진행의 주요 쟁점 및 특이사항

○세계 석학의 대결
  2009. 12: 노벨상 수상자 로버트 엥글 교수, 민사 소송 기업 측 증언
  2010. 1: 스티븐 로스 MIT 교수, 민사 소송 은행 측 증언

○서울중앙지법 4개 재판부의 1심 무더기 판결

2010. 12~2011. 7: 서울지방법원 키코 1심 판결 선고

(84개사 중 67개사 패소, 17개사 일부 인용)

제21민사부 여훈구 부장판사

제22민사부 박경호 부장판사

제31민사부 황적화 부장판사

제32민사부 서창원 부장판사

○서울중앙지법원 21부 최승록 부장판사의 기업 승소 판결

2012. 8: 서울중앙지방법원 21부 판결 선고(6개사—일부 인용 60~
70%)

## (3) 2심(고등법원)

### ■ 개요

○2010년 11월 서울중앙지법의 키코 1심 기업 패소 무더기 판결 이후
170여 개 피해 기업들이 고등법원에 항소함.

○서울고등법원 기업 전담 5개 재판부(10민사부, 12민사부, 14민사부,
16민사부, 18민사부)에 사건이 배정되었고, 2011년 5월 수산중공업
사건 기업 패소 판결을 시작으로 2013년 9월 26일 대법원 전합 판
결 선고 전까지 78건 선고, 대법원 전합 판결 선고 이후 2014년 9월
현재까지 71건이 판결 선고됨.

### ■ 현황

○총 174개사 배정, 소송 중 10개사 취하

○2014년 7월 현재까지 145개사 판결 선고

: 원고 패소 93개사, 일부 인용 45개사(인용 비율 10~50%)

: 파기 환송 5건(원고 패소 4건, 일부 인용 1건)

: 화해 6건(원고 패소 2건, 일부 인용 4건)

○ 2014년 7월 현재 12개사 소송 진행 중


■ 2심 소송 진행의 주요 쟁점 및 특이사항

○ 해외 사례 및 미국 SEC 문건 입수 내용에 대한 법원의 무시

2010. 12 및 2011. 1: 서울중앙지검의 요청으로 미국 상품선물거래
위원회(CFTC) 및 증권거래위원회(SEC) 전문
가들과 키코의 문제점을 회의한 결과를 기록
한 주미대사관 공문이 법무부장관, 검찰총장,
서울중앙지검 금융조사2부, 외교통상부로 들
어옴(미국 파생 상품 규제 기관의 전문가들 견
해는 키코는 사기라는 내용)

2011. 4: 독일연방대법원 판결문 입수 및 번역
서울고등법원 16부, 수산중공업 항소심 판결 선고(원고
패소)


○ 대법원 전원합의체 판결 전후 변화

2011. 12~2012. 6: 서울고등법원 제14, 16, 18부 판결 선고(20개
사 중 15개사 패소, 5개사 일부 인용 30~50%)

2012. 9~2013. 2: 서울고등법원 제10, 12, 14, 16, 18부 판결 선
고(57개사 중 28개사 패소, 28개사 일부 인용 5~
50%)

2013. 7. 18: 대법원 키코 사건 공개 변론

2013. 9. 26: 대법원 키코 4개사 판결 선고

2014년부터 접수된 상고 사건에 대해서는 심리불속행 상고 기각 처리

## (4) 3심(대법원)

■ 개요

○ 고등법원에서 패소하거나 일부 인용받은 기업 중 절반의 기업은 소송비용 및 은행의 압박을 못 이겨 상고를 포기하였고, 나머지 90여 개 기업들이 대법원에 상고를 진행함.

○ 2011년 7월 키코 사건은 대법원 민사 1부, 2부, 3부에 걸쳐 배정·심리되었고, 이후 2013년 7월 18일 대법원은 사법 사상 두 번째 공개 변론의 형식으로 방송과 인터넷을 통해 국민들에게 변론과정을 공개하였고, 2013년 9월 26일 대법원이 정한 4건 케이스에 대한 전원합의체 판결로 키코 사건에 대한 대법원의 판결 기준을 결정함.

■ 현황

○ 총 94건 배정 중 3건 상고 각하

○ 심리부속행 기각 19건(원고 패소 16건, 일부 인용 3건)

○ 판결 선고 50건: 상고 기각 43건(원고 패소 30건, 일부 인용 13건)
　　　　　　　　　 파기 환송 7건(원고 패소 5건, 일부 인용 2건)

○ 2014년 7월 현재 심리 중인 사건 22건

■ 대법원 소송 진행의 주요 쟁점 및 특이사항

1) 대법원 공개 변론

○ 일시·장소: 7월 18일(목) 14시 10분, 대법원

○ 공개 변론 대상 사건

• 원고 측: 수산중공업, 세신정밀, 모나미

• 피고 측: 씨티은행, 제일은행, 신한은행, 우리은행

• 변론 진행: 주변론→참고인 의견 진술→대법관 질의응답→최종 변론

• 참고인:

—원고 측: 김용재 교수(고려대 법학교수, 은행법 · 증권법)

—피고 측: 이연갑 교수(연세대 법학교수, 민법)


○대법원이 요청한 공개 변론 시 주 쟁점

① 키코 계약이 무효이거나 또는 이를 취소할 수 있는지 여부

 — 키코 계약이 불공정하다거나 환헤지에 부적합하다는 이유 등으로 인해 민법 제104조, 약관의 규제에 관한 법률, 신의칙 등에 위반하여 무효인지, 또는 기망이나 착오를 이유로 키코 계약을 취소할 수 있는지 등

② 키코 계약과 적합성 원칙과의 관계

 가. 키코 계약 체결 시 불법행위 책임을 발생시키는 적합성원칙의 내용은 무엇인지

 나. 오버헤지를 이유로 한 적합성 원칙 위반으로 불법행위 책임이 인정된다고 할 경우, 오버헤지의 판단 기준을 기업의 총 외화유입액으로 보아야 하는지 아니면 순외화유입액으로 보아야 하는지, 향후 유입 예상 외환 규모나 다른 은행과의 환헤지 계약 체셜 내용을 알아보아야 할 의무가 은행에 있는지 등

 다. 계약기간, 레버리지, A/B 파트의 구별 등이 적합성 원칙에 미치는 영향 등 기타사항

③ 키코 계약과 설명 의무와의 관례

 가. 키코 계약 체결 시 은행이 설명하여야 할 사항은 무엇인지

 나. 키코 계약 체결 시 은행이 의무를 부담하는 설명의 정도와 방법은 무엇인지

 —특히 기존 키코 거래 경험과 설명의 정도와의 관계는 어떠한지

 다. 기타사항

④ 기타

    가. 재구조화 계약은 파생 상품 업무 처리 모범규준 등에 위한하여 무효이거나 적합성의 원칙 위반으로서 불법행위 책임을 발생시키는지

    나. 환율 급등 등을 이유로 키코 계약을 해지할 수 있는지

    다. 키코 계약에서 은행이 콜옵션 행사를 통지하지 않으면 콜옵션을 포기하였다고 볼 수 있는지 등

○ 정책방송 및 네이버를 통해 실시간 생방송

■ 대법원 전원합의체 판결

1) 2013년 9월 26일 대법원은 공개 변론을 진행한 3개사 외 1개사의 케이스를 추가하여 전원합의체로 키코 사건에 대한 판결을 선고함.

| 사건(주심) | 원심 | 원고 | 피고 | 결론 (주문 요지) |
|---|---|---|---|---|
| 대법원 2011다53683 (이인복 대법관) | 기업 패소 | (주)수산중공업 —상고인 | 우리銀, 한국씨티銀 —피상고인 | 기업 상고 기각 (기업 패소 확정) |
| 대법원 2012다1147 (박병대 대법관) | 기업 30% 일부 승소 | (주)세신정밀 —상고인/피상고인 | 신한銀 —피상고인/상고인 | 은행 상고 기각 (기업 일부 승소 확정) |
| 대법원 2012다1147 (박병대 대법관) | 기업 패소 | 이○○ —상고인 | 한국스탠다드차타드銀 —피상고인 | 기업 상고 기각 (기업 패소 확정) |
| 대법원 2012다13637 (양창수 대법관) | 〈1계약〉 기업 패소 | (주)삼코 —피상고인/상고인 | 하나銀 —상고인/피상고인 | 기업 상고 인용 (심리마진으로 원심 파기) |
| 대법원 2012다13637 (양창수 대법관) | 〈2계약〉 기업 35% 일부 승소 | (주)삼코 —피상고인/상고인 | 하나銀 —상고인/피상고인 | 은행 상고 기각 (기업 일부 승소 확정) |
| 대법원 2013다26746 (박병대 대법관) | 기업 20% 일부 승소 | (주)모나미 —상고인/피상고인 | 한국스탠다드차타드銀 —피상고인/상고인 | 은행 상고 인용 (기업 패소 취지로 원심 파기) |

각주) 키코 사건 전원합의체 판결 대법관: 양승태(대법원장/사법농단 재판 중), 양창수, 신영철, 민일영(사법농단 의혹), 이상훈, 고영한(사법농단 재판 중), 김용덕, 이인복, 김신, 박병대(사법농단 재판 중), 김창석, 박보영(사법농단 의혹), 김소영(사법농단 의혹)

◆판결 요지

(1) 무효, 취소에 대한 원고 주장 배척

: 무효(민법상 불공정행위, 약관의 규제에 관한 법률 위반, 파생 상품 업무 처리 모범규준 위반, 신의칙 위반. 콜옵션 행사 포기 등), 취소(옵션의 가치, 수수료 또는 제로 코스트, 환헤지 적합성, 환율 변동 가능성 등 관련 기망 또는 착오 등을 이유로 한 취소. 기망에 의한 손해 배상 포함), 사정 변경에 의한 해지

(2) 고객 보호 의무 위반에 대한 원고 주장 인용

: 적합성의 원칙 및 설명 의무 위반에 따른 손해 배상 책임 인정(기업의 경영 상황 등에 비추어 환헤지 목적에 적합하지 아니함에도 계약 체결을 권유한 행위 및 관련 정보를 충분히 제공하지 아니한 설명 의무 위반 행위에 대하여 은행의 손해배상 책임을 인정. 다만, 기업이 KIKO 상품의 위험성을 충분히 알고 있으면서 순수한 환헤지 목적이 아닌 환투기적 목적에서 KIKO 계약을 체결한 경우에는 적합성 원칙 및 설명 의무 위반도 불인정)

〈대법원 키코 판결 분석〉

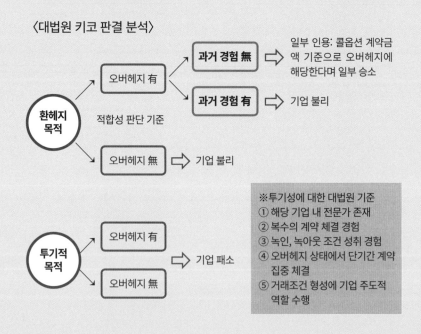

278

## 2) 일부 인용(5~50%) 사례

대법원은 거래 경험이 없고 콜옵션 계약금액 기준으로 오버헤지에 해당하는 일부 기업(18개사)에 대해 5~50% 은행의 책임을 물음.

〈예시〉 2013다23891(B사): 1심 30% 인용, 2심 30% 인용, 3심 30% 인용

- 1심 판결(30% 인용): 적합성 및 설명 의무 위반 인정 ① 경험 없고, 자체적 위험 관리부서 없고, 은행의 권유받고 환헤지 고려 ② 수출 예상액 수정(기업이 고지했음)이 필요했음 ③ 권유 당시 제안서나 상품설명서 교부 안 함, 체결 4~5일 전 통화옵션 프라이스 인티케이션 및 거래제안서 팩스 교부 ④ 구체적인 계약조건을 피고가 제안하고 알려주는 바에 따라 정함, 수출 실적 초과범위에 대한 위험성 고지 안 함.
- 2심 판결(30% 인용): 1심 추가 판결—영세한 수출기업, 수출대금 상당 부분 가공대금이나 자재대금으로 다시 지급, 주거래은행으로 쉽게 파악 가능, 녹인 조건 성취 시 외환 유입이 부족하면 무한대 손실, 환율 변동의 확률 분포상 시간이 흐를수록 녹인 조건이 성취될 확률 증가. 은행은 기업이 수입신용장의 한도 증액 받기 위해 제출한 여신 심사자료나 긍정적 전망에만 의존할 것이 아니라, 적절한 방법 설명 권유해야.
- 3심 판결(30% 인용): 원고 및 피고의 상고 기각, 소송비용 각자 부담
  1. 적합성 위반 인정 ① 경험 없고, 자체적 위험 관리부서 없고, 은행의 권유받고 환헤지 고려 ② 회사의 수출 예상액 수정(기업이 고지함)이 필요했음에도 키코 계약 체결 ③ 영세한 수출기업, 수출대금 상당 부분 가공대금이나 자재대금으로 다시 지급, 상당 기간 주거래 은행으로 쉽게 파악 가능
  2. 설명 의무 위반 인정: 피고는 원고의 경영상황에 비추어 키코 체

결로 원고에게 초래될 위험성에 대해 계약 체결 당시 구체적이고 상세한 설명을 하지 아니함

3. 과실상계 사유에 관한 사실 인정이나 비율은 형평의 원칙에 비추어 현저히 불합리하다고 인정되지 아니하는 한 사실심의 전권사항

## ■ 대법원 전원합의체 판결에 대한 공대위 반박

(1) 키코가 정말 환헤지에 적합한 상품인가?

---

**[대법원 판시]**

• 환헤지 적합성 관련: 전체 환율 구간이 아닌 일부 구간에서만 환 위험 회
피가 된다고 하여 구조적으로 환헤지에 부적합하다고 단정할 수 없음. 반
드시 기업이 보유하는 외환현물 전체에 대하여 환헤지가 가능해야 한다
는 원칙이 있는 것도 아님. 외환현물을 보유하거나 보유할 것을 예상하는
고객이 환헤지 목적으로 KIKO 계약을 체결하면 환율이 상승하여 KIKO
계약 자체에서 손실이 발생하더라도 외환현물 보유로 인한 환차익이 발
생하여 전체적 손익은 변화가 없음. 따라서 KIKO 계약 체결로 오히려 더
큰 환위험에 노출된다고 할 수 없음.

---

▶반박

: 은행은 키코의 행사 가격을 높여주기 위해 풋과 콜을 1:2 구조로 설
  계하였다고 주장. 그러나 환율 상승 시 기업이 외환현물 보유액의 2
  배 규모 매도할 경우 외환현물을 감안할 경우에도 환차손이 발생됨.
  즉, 키코는 환헤지에 부적합한 상품임. 또한 외환현물 보유액만큼
  기업이 외환을 매도할 경우 (환율 상승 시 환차손이 발생하지 않기 때
  문에 키코가 환헤지에 직합한 것처럼 보이지만) 거꾸로 환율 하락 시
  에 헤지가 되지 않고 환차손 발생. 즉, 환헤지에 부적합한 상품임.
  —결국 키코 상품은 환율이 상승하든 하락하든지에 관계없이 또한
  기업이 얼마의 외환현물을 보유하든지에 관계없이 항상 환위험이
  발생하는 상품구조이기 때문에 환헤지를 원하는 기업들에게 판매
  하기에는 부적합한 상품임.

(2) 마이너스 시장 가치 이슈는 왜 다뤄지지 않았는가?

---

**[대법원 판시]**

• 옵션의 이론가 등 고지 의무 관련: 특별한 사정이 없는 한 은행은 KIKO 상품의 구조 내에 포함된 옵션의 이론가, 수수료 및 그로 인하여 발생하는 마이너스 시장 가치에 대하여 고지하여야 할 의무가 있다고 할 수 없음. 이를 고지하지 아니하였다고 하여 기망행위가 된다거나 고객의 착오를 유발한다고 볼 수 없음.

---

▶반박

: 기업들은 1 · 2심 변론과 3심 상고이유서를 통해 키코 계약 시 발생하는 마이너스 시장 가치를 알리지 않은 점을 주장. 특히 대법원 공개 변론에서는 대부분의 변론을 마이너스 시장 가치를 알려야 함을 집중적으로 주장하였음에도, 대법원은 "고지하여야 할 의무가 없다"라고만 판시함으로써 키코 사건의 가장 핵심적인 이슈가 대법원에서조차 심도 있게 다뤄지지 않았다는 것은 대단히 실망스러운 일임.

— 키코와 같은 장외 파생 상품 거래에 있어서 계약 시 마이너스 시장 가치 이슈는 해외 사례에서도 핵심 쟁점으로 다뤄져 미국에서는 사기죄로 처벌하였고, 독일에서는 은행에 100% 손해 배상 책임을 물었고, 또 실제로 가장 중요한 이슈임을 감안할 때 우리나라의 대법원을 비롯한 1 · 2심에서 왜 이 문제에 대한 심도 있는 심의가 이루어지지 않는지 반문하지 않을 수 없음.

(3) 키코 계약에서 '주요 정보'는 무엇을 말하는가?

[대법원 판시]
• 설명 의무 관련: 계약의 구조와 주요 내용, 고객이 그 거래를 통하여 얻을 수 있는 이익과 발생 가능한 손실의 구체적 내용, 특히 손실 발생의 위험 요소 등을 포함한 거래상의 **주요 정보를 설명할 의무**가 있다

▶반박

: 키코 계약에서 가장 중요한 정보는 옵션에 대한 가격(프리미엄) 정보임. 옵션 계약을 체결할 때 옵션의 프리미엄은 반드시 거래 정보로 주어지고 있으며, 금융투자협회의 「장외 파생 상품 거래 한글 약정서 권고안」 51쪽과 ISDA의 User's Guide to 1998 FX and Currency Option Definitions 61쪽에 있는 거래표준양식에도 프리미엄 정보를 주도록 되어 있음(은행이 키코 계약서에서 제시하고 있는 '제로 프리미엄'이라는 정보는 실제 옵션 프리미엄 정보가 아님)

―키코는 콜옵션과 풋옵션의 교환으로 각각의 옵션 프리미엄 정보가 주어져야 함. 따라서 은행들은 콜옵션의 프리미엄은 얼마이고, 풋옵션의 프리미엄은 얼마인지 거래 계약서에 표기했어야 했으며, 또한 당연히 고객들에게 마이너스 시장 가치를 설명했어야 함.

―키코 계약 당시 기업은 자신이 취득한 풋옵션의 가치가 얼마인지 알 수 없었고, 그 대가로 얼마짜리 콜옵션을 은행에 넘겨주었는지를 모른 상태에서 계약했다가 수많은 중소기업들이 엄청난 손실을 입은 사건임에도 대법원은 이에 대해 눈을 감고 외면했음.

## ■ 대법원 키코 전원합의체 판결의 문제점

복잡하고 위험한 고도의 금융 파생 상품인 키코에 대한 대법원만의
독자적인 판결 논리와 기준이 없다. 키코 계약은 장외 파생 상품 계
약으로서 장외 파생 상품의 특징을 최대한 고려하여 판단하여야 함
에도 대법원은 파생 상품 전문가들의 의견에 귀를 기울이지 않았고
심도 있고 전문성 있는 논의도 없었다.

대법원은 키코 상품이 부분적 환헤지 기능을 하므로 환헤지에 적합
한 상품이라고 결론을 내리고, 마이너스 시장 가치도 알려줄 필요가
없다고 판단함으로써 은행이 금융 파생 상품에 대해 전문성이 없는
기업이나 일반인을 대상으로 마이너스 시장 가치(옵션 프리미엄)를
은행 마음대로 과다하게 설계하여 팔아도 앞으로 법으로 제재할 방
법이 없게 되었다.

## 1. 마이너스 시장 가치의 문제

키코 상품은 중소기업이 확보하는 풋옵션과 은행이 확보하는 콜옵
션이 결합되어 있는 파생 상품인바, 모든 키코 사건에서 은행은 풋옵션
의 가치(Value)보다 2배 내지 6배, 심지어는 14배나 더 큰 가치의 콜옵
션을 확보하였다. 은행은 공짜장사를 할 수 없기 때문에 이윤을 남겨야
하므로 정당하다고 주장하였고, 이러한 풋옵션과 콜옵션의 가치 차이
로 은행이 남긴 이윤은 키코 계약으로 결제해야 하는 총 결제 대금 액
수 중 0.2% 내지 0.5%에 불과하므로 과다하지 않다는 억지논리를 펼
쳤다.

중소기업들은 은행과 중소기업이 서로 교환한 풋옵션의 가치와 콜
옵션의 가치를 서로 비교하여 보아야 할 것이고 키코 계약 당시 이렇게
큰 가치 차이가 나는 통화옵션을 서로 교환한다는 것을 알았다면 키코
계약을 체결하지 않았을 것이며, 이는 통화옵션의 가치를 계산할 줄 모
르는 비전문가인 중소기업을 상대로 사기 친 것이며, 키코 계약구조 자

체로 부당한 내용의 불공정 계약이므로 무효라는 주장을 펼쳤다.

이에 대해 대법원 전원합의체는 은행의 억지논리를 그대로 받아들여서 키코 계약상 마이너스 시장 가치는 총 결제대금에 비해 미미하여 과다하지 않으므로 키코 계약 체결 당시에 은행이 중소기업에 마이너스 시장 가치를 알리지 않아도 된다는 괴상한 판단을 함으로써 최고 법적 판단 기관으로서의 대법원의 권위를 스스로 무너뜨렸다.

키코 계약에 숨어있는 마이너스 시장 가치 때문에 키코 계약은 그 자체로 불공정한 계약이며, 전문가인 은행이 비전문가인 중소기업을 상대로 이를 숨기고 판매한 행위는 사기에 해당한다는 이탈리아 형사법원 판결, 마이너스 시장 가치를 기업에 알리지 않고 금융 파생 상품을 판매한 도이치은행에 대해 손해 전액을 배상하라는 판결을 내린 독일 연방대법원 판결, 마이너스 시장 가치를 숨기고 파생 상품을 판매한 '뱅커스 트러스트'에 사기 판매 행위로 엄청난 과징금을 물린 미국 연방증권거래위원회(SEC) 결정 및 한국에서의 키코 사건은 사기행위로 보인다는 미국 연방증권거래위원회(SEC), 미국 연방상품선물위원회(CFTC) 전문가 의견을 중소기업들이 모두 제출했음에도 불구하고, 이를 외면하고 국제적으로 망신받을 결론을 대법원이 내린 점에 대해 법학자 및 법률가로부터 두고두고 비판을 받아야 할 것이다.*

특히, 수산중공업 사건에서 키코 계약상 기업이 얻을 수 있는 최대 이익보다 더 큰 금액의 미이너스 시장 가치를 숨기고 계약 체결 즉시 이를 은행이 가져간 구조의 상품인데도 대법원은 마이너스 시장 가치를 알릴 필요가 없다는 터무니없는 결론을 내렸다.

## 2. 불공정한 계약 여부

키코 상품은 기업이 풋옵션을 가져가고 은행이 콜옵션을 가져가는

---

* 김용재 고려대 교수의 'KIKO 사건의 주요 쟁점에 관한 법리적 재검토'(《저스티스》 제140호, 2014. 2.) 참고.

구조로 되어 있다. 모든 키코 사건은 은행이 풋옵션보다 훨씬 더 큰 가치를 가진 콜옵션을 가져가 이로 인해 환율 상승 시 중소기업의 손실이 대폭 확대되었다. 즉, 환율 하락 시 키코 계약으로 기업이 얻을 수 있는 이득보다 환율 상승 시 은행이 얻는 이득이 수배 더 큰 구조의 불공정한 상품이다.

예를 들어, 키코 계약으로 기업은 2,000만 원짜리 풋옵션을 취득하고, 은행은 5,000만 원짜리 콜옵션을 취득하나 중소기업은 이를 모른 상태여서 키코 계약 처음부터 당사자 간 불공정한 계약을 맺게 된 것이다.

상속인이 아무것도 모르는 것을 기화로 학자의 집에서 귀중한 서적을 염가로 매수한 경우가 민법 104조상 무경험에 의한 불공정한 계약에 해당하여 무효인 계약이라고 법학자들이 예시하고 있으며,[*] 키코 계약의 경우도 이와 다를 바가 없다. 은행이 통화옵션의 가치를 분별하지 못하는 중소기업을 상대로 값싼 풋옵션을 기업에게 주는 대가로 더 비싼 콜옵션을 가져갔기 때문이다.

그러나 대법원은 키코 계약이 공정한 계약이라고 판단하였다.


3. 옵션행사 통지 문제

은행과 중소기업이 맺은 키코 계약서상 당사자가 상대방에게 옵션을 행사한다는 통지를 하지 않으면 해당 옵션은 무효라고 명백히 기재되어 있다. 그러나 은행들은 중소기업에 옵션행사 통지를 하지 않은 사실이 소송과정에서 드러났다. 중소기업들은 이를 문제 삼아 손해액 전액을 반환하여야 한다고 주장하였으나, 대법원은 위와 같은 계약조항이 있음에도 불구하고 당사자 간에 옵션행사 통지를 하지 않기로 묵시적으로 합의하였다고 보아야 한다는 어이없는 판단을 하였다.

---

[*] 곽윤직,《민법주해 Ⅱ》, 247면.

4. 고객 보호 및 설명 의무 문제

대법원은 공신력 있는 은행이 위험성이 큰 장외 파생 상품의 거래를 권유할 때에는 다른 금융 기관에 비하여 더 무거운 고객 보호 의무를 부담하여야 한다고 판단하였다. 또, 은행은 고객이 당해 파생 상품의 특성 및 위험의 수준, 고객의 거래 목적, 투자 경험 및 능력 등을 종합적으로 고려하여 고객이 거래상 주요 정보를 충분히 이해할 수 있을 정도로 설명하여야 한다는 대원칙을 확인하였다.

그러나 개별 사건의 구체적 판단에 들어가서는 수산중공업이나 모나미는 수차례 키코 계약을 체결한 점 및 기업 규모가 크다는 점을 들어서 은행에게 위와 같은 설명 의무가 없다고 판단하였다. 수산중공업이나 모나미가 키코 계약을 수차례 체결한 것은 사실이지만, 앞에서 본 키코 계약상 마이너스 시장 가치, 즉 기업이 확보한 풋옵션보다 훨씬 더 큰 가치를 가진 콜옵션을 은행에 주어서 환율 상승 시 이로 인한 위험이 더 크게 증폭된다는 사실을 전혀 알지 못하였다. 이처럼 대법원은 그럴듯하게 고객 보호 의무 및 설명 의무의 대원칙에 대해 설시한 다음에 구체적 사건의 결론에서는 은행의 책임을 면제해주는 터무니없는 결론을 내린 것이다.

5. 결국 키코 사건에서 대법원은 법과 원칙에 따른 판단을 한 것이 아니라, 은행은 고객 보호 의무 및 설명 의무가 있다는 대원칙을 내세우면서도 구체적 판단에 들어가서 사기 판매행위 및 불공정한 계약이라는 점에 대해 의도적으로 눈을 감았으며, 극히 일부 기업에 대해서만 은행의 책임을 일부 묻는 것에 그침으로써 솜방망이 판결을 하였고, 수많은 키코 피해 기업들의 막대한 손해에 대해 은행에 면죄부를 주었다.

은행은 당신의 주머니를 노린다

**초판 1쇄 인쇄** 2020년 4월 1일
**초판 1쇄 발행** 2020년 4월 5일

**지은이** 조봉구
**발행인** 윤호권

**발행처** 시공사
**출판등록** 1989년 5월 10일 (제3-248호)
**주소** 서울특별시 서초구 사임당로 82 (우편번호 06641)
**전화** 편집 (02) 3487-1660, 영업 (02) 3471-8044

ISBN 978-89-527-7300-5 03300